Psicoterapia breve

Dados Internacionais de Catalogação na Publicação (CIP)
(Câmara Brasileira do Livro, SP, Brasil)

Ferreira-Santos, Eduardo
  Psicoterapia breve: abordagem sistematizada de situações de crise / Eduardo Ferreira-Santos. – 5. ed. rev e ampl. – São Paulo: Ágora, 2013.

  Bibliografia
  ISBN 978-85-7183-124-7

  1. Psicanálise 2. Psicodrama 3. Psicoterapia breve 4. Transtornos de estresse pós-traumático I. Título.

13-03596   CDD-150.198

Índice para catálogo sistemático:
1. Psicoterapia breve: Sistemas psicanalíticos: Psicologia 150.198

www.editoraagora.com.br

Compre em lugar de fotocopiar.
Cada real que você dá por um livro recompensa seus autores
e os convida a produzir mais sobre o tema;
incentiva seus editores a encomendar, traduzir e publicar
outras obras sobre o assunto;
e paga aos livreiros por estocar e levar até você livros
para a sua informação e o seu entretenimento.
Cada real que você dá pela fotocópia não autorizada de um livro
financia o crime
e ajuda a matar a produção intelectual de seu país.

Psicoterapia breve

Abordagem sistematizada de situações de crise

EDUARDO FERREIRA-SANTOS

Editora
ÁGORA

PSICOTERAPIA BREVE
Abordagem sistematizada de situações de crise
Copyright © 1990, 1997, 2013 by Eduardo Ferreira-Santos
Direitos desta edição reservados por Summus Editorial

Editora executiva: **Soraia Bini Cury**
Editora assistente: **Salete Del Guerra**
Capa: **Buono Disegno**
Imagem de capa: **Hayati Kayhan/Shutterstock**
Projeto gráfico e diagramação: **Crayon Editorial**

Editora Ágora

Departamento editorial
Rua Itapicuru, 613 – 7° andar
05006-000 – São Paulo – SP
Fone: (11) 3872-3322
Fax: (11) 3872-7476
http://www.editoraagora.com.br
e-mail:agora@editoraagora.com.br

Atendimento ao consumidor
Summus Editorial
Fone: (11) 3865-9890

Vendas por atacado
Fone: (11) 3873-8638
Fax: (11) 3873-7085
e-mail: vendas@summus.com.br

Impresso no Brasil

À minha mãe e ao meu pai –
que, separados pela vida,
vieram a se reencontrar,
quase simultaneamente, na
grande crise da morte!

[A crise]

Violento estrondo interrompeu o torpor profundo, despertando-me qual homem que em sobressalto acorda. Movi o olhar pelo que havia ao redor, ao longe e perto. De pé me ergui, procurando conhecer o lugar onde me encontrava. Eis a verdade: descobri-me à borda de insondável abismo, do qual subiam infindos ais. Tão escuro, profundo e nebuloso era tal pélago que, por mais aceso eu nele fixasse o olhar, coisa alguma discernia.

DANTE ALIGHIERI, *INFERNO*, CANTO IV

[A solução]

Atrás dessas portas está o mundo. O mundo e a manhã. Lá fora o sol ilumina os caminhos. Depressa sairemos daqui e iremos por essas estradas cheias de luz; estas filhas da noite perderão então o seu poder e os raios do sol trespassá-las-ão como se fossem espadas.

JEAN-PAUL SARTRE, *AS MOSCAS*

Sumário

PREFÁCIO 11
PRÓLOGO 15
INTRODUÇÃO 19
Apresentação do problema 19
Proposta psicoterápica de solução 25

1 RETROSPECTIVA HISTÓRICA 27
Fase inicial: de Freud ao EMDR 27
Publicações recentes 31
Aplicação e desenvolvimento no Brasil 34

2 A PSICOTERAPIA BREVE 39
Introdução 39
Tipos de psicoterapia breve 40
Conceito de psicoterapia breve 41
Critérios de indicação 45
Focalização 50
Duração e prognóstico 54

3 TEORIA DA CRISE 57
Introdução 57
Compreensão psicodramática da crise 63

4 TRANSTORNO DO ESTRESSE PÓS-TRAUMÁTICO 69
Aspectos históricos e conceituais 69
Aspectos neurobiológicos 87
Aspectos psicodinâmicos 91

5 SISTEMATIZAÇÃO DO PROCESSO DE PSICOTERAPIA
BREVE SEGUNDO O ENFOQUE PSICODRAMÁTICO 97
A postura do psicoterapeuta 97
Esquema técnico geral 105
Esquema técnico específico 115

6 PSICOTERAPIA BREVE GRUPAL 129

7 FARMACOPSICOTERAPIA 141

8 PROTOCOLO CLÍNICO 153

9 EXEMPLOS CLÍNICOS.. 163

CONSIDERAÇÕES FINAIS 187
Quadro sinóptico 191

REFERÊNCIAS BIBLIOGRÁFICAS 193

Prefácio

PSICOTERAPIA BREVE E PSICOTERAPIA LONGA

PELOS CAMINHOS DO DESTINO acompanho este livro desde o nascedouro.

Eduardo Ferreira-Santos indicou-me como orientador do trabalho que deu origem a este livro, como ele próprio descreve em seu prólogo. Quando, então, apareceu-me com o rascunho do trabalho, percebi que pouco ou nada tinha a sugerir. O trabalho foi aprovado pelo Instituto Sedes Sapientiae. Recomendei-lhe a leitura a muitos supervisionandos e inúmeras cópias foram feitas. Mais recentemente, o trabalho já transformado em tese, Eduardo chamou-me, pela segunda vez, para dar um parecer a respeito da transformação da tese em livro. Observei uma vez mais que pouco ou quase nada deveria ser mudado.

Por força de uma longa experiência como professor, iniciada muito cedo em cursos para vestibulares e depois continuada em funções didáticas no Hospital das Clínicas (FMUSP) e em entidades de psicodrama, Eduardo é fluente e claro.

O tema deste livro é de enorme importância para um país como o nosso, onde os ambulatórios de psiquiatria encontram-se abarrotados de pacientes sem atendimento psicoterápico.

R. J. Campbell[1], em dois trabalhos que se tornaram clássicos, chama a atenção para a necessidade de se adaptarem técnicas psicoterápicas de longo curso para abordagens mais consentâ-

---

1. CAMPBELL, R. J. "Aplicaciones de la psicoterapia breve" e "Modificaciones de la psicoterapia". In: *Cuadernos de Psicoterapia*, abril de 1967, v. II, n. 1, e setembro de 1967, v. II, n. 2.

neas com a realidade social. É dele a definição irônica de que a psicoterapia é "uma técnica não identificada, aplicada a problemas não específicos, com resultados impredizíveis (para a qual se recomenda um rigoroso treinamento)".

A reação contrária a essas transformações parte de muitos profissionais que preferem manter seu posto de onisciente observador que escuta. Tal atitude revela, muitas vezes, mais uma rigidez de personalidade do que objeções técnicas reais. Nessa nova postura, o paciente precisa ser considerado quanto à sua comunidade e subcultura. A família e a comunidade devem ser preparadas para aceitar e integrar o paciente formal e as suas estruturas. Se isso não acontecer, o paciente vai obter bem pouco ou nenhum benefício de um tratamento que não considera o ambiente onde tem de viver.

A celeuma aumenta quando se discute o resultado das psicoterapias em geral. Questão delicada a ponto de muito poucos trabalhos serem publicados a seu respeito. Uma psicoterapia longa tem melhores resultados que uma breve? Muito difícil responder. Alguns autores referem remissões espontâneas de quadros neuróticos, ou seja, a "psicoterapia da vida" também funciona. Brody (citado por Campbell) descreve que, de 306 pacientes "completamente analisados", com análise de três a quatro anos, numa média de 600 horas de análise, somente 30% foram considerados "curados" ou "muito melhorados"...

Um estudo de cinco anos, realizado por Rogers (também citado por Campbell) sobre resultados em terapia com esquizofrênicos, independentemente de linhas ou escolas psicoterápicas, concluiu que os psicoterapeutas que proporcionam certas condições terapêuticas a seus pacientes obtêm bons resultados. Os outros profissionais colhem resultados negativos. As condições terapêuticas do primeiro grupo são: 1) a exata compreensão empática do paciente; 2) a consideração positiva incondicional para com o paciente; e 3) a autoconsonância ou genuinidade do terapeuta, isto é, sua habilidade em reconhecer os próprios sentimentos e reagir genuinamente como pessoa real, de acordo com eles.

Assim, realça-se a personalidade do terapeuta como principal instrumento de trabalho. É evidente, no entanto, que a proposta psicoterápica visa flexibilizar o tratamento segundo a técnica escolhida conforme as necessidades do paciente. Selecionar e aplicar habilmente os métodos de tratamento está diretamente ligado ao treinamento e à experiência do profissional.

Costumo usar a imagem de que existe um tipo de psicoterapia que se assemelha à guerra clássica, longa, pesada, e outro que segue os métodos da guerrilha, ágil, veloz, cheia de esperanças. Creio que a psicoterapia breve enquadra-se neste último tipo. Emprega técnicas rápidas e eficazes. Por que não incluí-las também nas chamadas psicoterapias tradicionais?

JOSÉ FONSECA FILHO
Psiquiatra e psicodramatista, autor de *Psicodrama da loucura*
(Ágora, 1980) e *Psicoterapia da relação* (Ágora, 2000)

Prólogo

QUANDO EU AINDA ERA médico residente de Psiquiatria do Hospital das Clínicas da Faculdade de Medicina da USP, em 1979, como R-2, comecei a me interessar por alguma forma de atendimento psicoterápico que pudesse ser realmente eficaz e diminuísse a longa fila de espera que lotava o "banco de pacientes" do Serviço de Psicoterapia.

Com o apoio entusiasmado de meu supervisor, Luiz Cuschnir, comecei a pesquisar na literatura uma alternativa de atendimento psicoterápico e, para minha surpresa, constatei que muito já havia sido escrito sobre "uma tal de" psicoterapia breve, praticada com êxito em vários lugares do mundo, notadamente na Inglaterra, nos Estados Unidos e na Argentina.

Comecei a estudar e logo em seguida a trabalhar com essa forma de abordagem tanto em nível institucional (no IPq-HC-FMUSP) quanto em meu recém-inaugurado consultório, recebendo o carinho e o apoio de meus amigos Geraldo Massaro e Dirce Vieira e do saudoso Hélvio Avegliano Jr.

Nessa primeira fase do trabalho, sob a orientação de Victor Dias e com a colaboração efetiva de minha amiga Norka Wejnsztejn, cheguei a escrever alguns trabalhos que, ousadamente, apresentei no II e no III Congresso Brasileiro de Psicodrama.

O estudo foi sendo ampliado e, em 1984, sob a orientação de José de Souza Fonseca Filho, apresentei ao Departamento de Psicodrama do Instituto Sedes Sapientiae o trabalho *Psicodrama e psicoterapia breve: proposta de um modelo de ação terapêutica* para obtenção do título de terapeuta de aluno perante a atenta e acolhedora banca examinadora – que, além do Fonseca, era formada por Arthur Kaufman e Antonio Carlos Cezarino.

Mas o estudo e a prática dessa fascinante forma de psicoterapia não pararam por aí e, ao ingressar no programa de pós-graduação em psicologia clínica na Pontifícia Universidade Católica de São Paulo, encontrei em Mathilde Neder todo o apoio e a firmeza na orientação da dissertação de mestrado que acabei por defender em maio de 1989 perante a banca examinadora formada por Mathilde, por Rosa Macedo e por outro contagiante entusiasta do tema, Clóvis Martins.

Ainda assim, o trabalho não estava terminado (como acho que nunca estará) e lá estava o ex-terapeuta, ex-supervisor, ex-orientador e grande amigo Fonseca novamente me estimulando a publicá-lo na forma de livro.

Com algumas pequenas modificações no original da dissertação e já tendo, inclusive, publicado uma síntese dos aspectos teóricos da psicoterapia breve em psicodrama no volume 1 dos *Cadernos de Psicodrama do Instituto Sedes Sapientiae*, naquele momento, especialmente motivado (ou talvez até invejoso de minha mulher) pelo nascimento de meu primeiro filho, o Guilherme, encontrei mais um pouquinho de energia para escrever este pequeno livro – que, espero, seja de utilidade, algo como um manual para todos aqueles que se interessam por psicoterapia breve e queiram praticá-la tanto em consultório quanto, em particular, em instituições de atendimento populacional, nas quais seus excelentes resultados poderão realmente constituir solução eficaz para os nossos grandes problemas de saúde mental.

Ao longo desses anos, porém, algumas grandes modificações ocorreram na compreensão e na atuação com o paciente que sofre de uma crise desestabilizadora de sua existência. Notadamente, o grande avanço da farmacoterapia e de abordagens alternativas de psicoterapia ganhou espaço cada vez maior e mais importante.

Se, antes, a psicoterapia breve era uma *opção* de tratamento, hoje em dia tornou-se quase *obrigatória*, não apenas no plano institucional mas, principalmente, na clínica privada, onde os efeitos da política econômica desabaram como uma avalanche. Embora mais pessoas tenham recursos para recorrer a uma psicoterapia, elas procuram um trabalho eficiente e de curta duração.

Trata-se da concretização, em nosso meio, da política neoliberal que leva o "mercado" a procurar formas mais econômicas e satisfatórias no atendimento de suas necessidades, como já vem ocorrendo há vários anos nos Estados Unidos.

No plano social, a psicoterapia breve já ganhou também quase todos os espaços em países nos quais o atendimento médico e psicológico foi estatizado ou, pelo menos, teve grande influência do Estado em sua aplicação, como na Grã-Bretanha.

O Brasil luta, a seu modo, para entrar nesse restrito Primeiro Mundo, sofrendo o impacto impiedoso da globalização, que deixa a nu nossas deficiências e atitudes reacionárias.

O poder da mídia escrita e televisionada, a internet, a propagação universal do conhecimento em segundos, por métodos cada vez mais sofisticados, já não nos permite ficar estacionados no tempo e ver "a banda passar".

A hora é de ação, de reação, de transformação a caminho da modernidade. Situações estressantes que se refletem em crises existenciais, por um lado, e em crises de resolução para atender a essas mesmas crises, por outro.

Portanto, a psicoterapia breve, agora mais do que nunca, vem se tornar um valioso "arsenal" à disposição do psicoterapeuta que, efetivamente, procura uma "psicoterapia de resultados". É uma pena que estejamos tão atrasados e não tenhamos percebido que, há quase 100 anos, J. L. Moreno já nos tinha mostrado exatamente isso tudo, ao propor uma terapia de ação, de resultados e de curta duração.

Mas, no lugar de "chorar o tempo perdido", vamos pôr a mão na massa e começar a fazer aquilo que o grande gênio moreniano procurou nos legar: ajudar ao próximo!

A todas as pessoas nominalmente citadas aqui, e a muitas outras que compartilharam comigo dessa longa caminhada em quase 13 anos de trabalho e pesquisa, o meu maior agradecimento e o mais afetuoso abraço!

EDUARDO FERREIRA-SANTOS

Fevereiro, 2013

Introdução

APRESENTAÇÃO DO PROBLEMA

HÁ ALGUNS ANOS NA prática da psiquiatria clínica nos ambulatórios e enfermarias do Instituto de Psiquiatria do Hospital das Clínicas da Faculdade de Medicina da Universidade de São Paulo, venho observando e meditando sobre um dos graves problemas enfrentados pela grande massa populacional que procura esses serviços. Trata-se do imenso número de pessoas que, padecendo dos mais variados distúrbios psicogênicos (principalmente os que comprometem a esfera corporal), após infrutífera peregrinação pelas diversas clínicas especializadas do hospital, acaba sendo encaminhado à psiquiatria, na quase desesperada expectativa de aí encontrar alívio para suas angústias e depressões das mais distintas origens.

O que ocorre, no entanto, é que a psiquiatria clínica pouco ou nada pode fazer por essas pessoas, a não ser receitar-lhes uma série de medicamentos paliativos e aguardar a evolução natural do quadro, acompanhando a distância, com retornos ambulatoriais de curtíssima duração e periodicidade muito ampla, devido ao grande número de pacientes. Num levantamento pessoal dos pacientes matriculados no ambulatório do Instituto de Psiquiatria do Hospital das Clínicas da Faculdade de Medicina da Universidade de São Paulo, por um período de seis meses, constatei que, de 632 pacientes, 168 (26,58%) apresentavam diagnóstico de quadros reativos ou disfuncionais sugestivos de situações de crise.

Para esses pacientes, pouco mais de um quarto dos que procuram a ajuda de um sistema especializado, faz-se necessária a indicação de um processo psicoterápico. Inicia-se, com isso, uma nova agonia para o paciente, que já foi e voltou ao hospital inúmeras vezes para ser triado, economicamente selecionado, registrado, fazer "cartão de matrícula" e finalmente ser atendido pelo médico residente ou pelo assistente. Afinal, ao ser encaminhado para o setor de psicoterapia, mais uma série de entraves burocráticos deverá ser vencida, como nova triagem, entrevista e a longuíssima "fila de espera" que, quase sempre, chega a ultrapassar um ano de duração. E isso não ocorre apenas no Hospital das Clínicas, havendo informações de situação semelhante em outras instituições.

Finalmente, uma vez atendidos, são poucos os pacientes que se beneficiam de um processo psicoterápico de longa duração. Seja por limitação de objetivos, pela dificuldade econômica de locomoção, pela falta de perspectiva de melhora em curto prazo ou por qualquer outro fator, o paciente acabará por interromper o tratamento logo após tê-lo iniciado, tornando perdida toda a sua jornada até ali, para recomeçar novo ciclo de peregrinação provavelmente em outra estrutura institucional semelhante.

Pude constatar – em outra observação pessoal – que o alongamento de um processo terapêutico, em nível institucional, provoca transtornos de tal ordem na vida social e profissional dos pacientes que os obriga a abandonar a psicoterapia após algumas poucas sessões. Tal observação poderá ser comprovada por um estudo estatístico realizado pela dra. Camita Abdo, do Instituto de Psiquiatria do Hospital das Clínicas da Universidade de São Paulo, o qual demonstra elevado índice de abandono da terapia por volta do terceiro mês do processo.

Por outro lado, passei a considerar também a formação do médico residente em psiquiatria ou do estagiário em psicologia clínica que, inserido em um programa de aprendizagem de psicoterapia, na realidade, dispõe de apenas oito a 11 meses para desenvolver um processo psicoterápico que tenha como base os pressupostos técnicos e teóricos das psicoterapias reestruturativas prolongadas, as quais rigorosamente exigem anos de desenvolvimento. E assim, quase sem levar em conta o diagnóstico e as expectativas e/ou necessidades clínicas do paciente, coloca-se o estagiário em uma posição de terapeuta "semiqualificado", assustado diante do imenso material que brota do paciente sob seus cuidados. Por mais que siga à risca as orientações dos supervisores, o fantasma de interrupção do tratamento (por abandono do paciente ou simplesmente pelo término do estágio) acompanha todo o desenrolar do processo terapêutico, que não tem objetivo definido nem metodologia adequada à situação.

Somando tudo isso à qualidade global de atendimento aos pacientes, verifica-se que o que ocorre na verdade é o fato citado por Leopold Bellak (*apud* Small, 1972, p. 12) na Introdução do livro *Psicoterapias breves*:

> Tanta energia e tanta reflexão se voltaram sobre a planificação dos serviços de saúde mental em forma de sistemas de distribuição ampla em que, em muitos casos, ninguém se ocupou de conservar a qualidade da mercadoria distribuída. Assim, pois, antes que nos encontremos na posse de um esplêndido serviço de entregas sem coisa alguma para entregar, conviria a todos os interessados que se preocupassem com quem são e com o que fazem as pessoas e como se pode ajudá-las com menos problemas de adaptação.

QUEM SÃO E COMO SÃO ESSAS PESSOAS QUE NOS PEDEM AJUDA?

A vida moderna, caracterizada pelo ritmo acelerado, pelo barulho crescente e ensurdecedor, pela poluição asfixiante, pela despersonalização no estudo e no trabalho em virtude da automação, pela marcante valorização de aspectos fúteis e superficiais, pelo menosprezo de forças afetivas e pelo angustiante medo de ser (mais) agredido e ferido, leva o homem a fechar-se cada vez mais em si mesmo, isolando-se, tímido e apavorado, do mundo que o cerca e o ameaça de destruição, obrigando-o a armar-se de todas as defesas possíveis. Tal situação leva o homem a um estado de permanente "campo tenso", em que sua espontaneidade e criatividade ficam sensivelmente reduzidas.

Por outro lado, a massacrante máquina publicitária veicula maciça propaganda exaltando o frescor e o dinamismo juvenis. Isso acaba por deixar o ser humano esmagado por si mesmo, prensado num limbo psíquico entre o desejo de desfrutar totalmente daquele "paraíso" apresentado nos coloridos comerciais de televisão e a dificuldade inerente de desvencilhar-se de todo o arsenal defensivo que contribui para proteger-se nas ruas da cidade.

Criam-se, então, os mitos de "perfeição e felicidade", muitos deles impossíveis de ser alcançados, que geram fortes cargas afetivas de fracasso e frustração, o que serve para alimentar sentimentos de insuficiência e impotência, aumentando a insegurança e o isolamento defensivos.

Como diz Augusto Boal (1977, p. 13):

> [...] Marshal MacLuhan afirma que, nesta época de tecnologia tão desenvolvida, o mundo se transformou em uma aldeia global. Através dos satélites, as notícias correm o mundo no mesmo instante em que se produzem. Satélite em mão única: de lá para cá, tudo; de cá para lá, nada.

Na própria ironia de Boal ao citar MacLuhan observa-se que as interações não ocorrem de verdade neste mundo, apenas se informa às pessoas o que se quer ou a respeito do que se deve ser informado, de acordo com a ideologia dominante.

MAS... E AS RELAÇÕES INTERPESSOAIS? E O CONTATO AFETIVO?

O homem moderno sente-se ameaçado em sua intimidade pessoal e, como não encontra eco na sociedade para o seu lamento e socorro, é compreensível que, no caso de uma situação vivencial intensa (uma "crise"), acabe por procurar refúgio nas profundezas mais íntimas de si mesmo. Como o caranguejo que, na época da muda (ao perder sua carapaça protetora), é obrigado a esconder-se entre as pedras para não ser devorado por seus predadores, o homem também é levado a se esconder em si mesmo, recriando o ciclo inquebrantável do isolamento que o afasta cada vez mais das relações afetivas.

Nessa carreira das fugas, caem também os últimos baluartes de defesa – como os pequenos grupos sociais e a família – dadas as grandes dificuldades de diálogo, a compreensão e a identificação de seus membros, os quais culminam com o isolamento total. Moffatt (1982) salienta que

> a crise se manifesta pela invasão de uma experiência de paralisação da continuidade do processo da vida. De repente, nos sentimos confusos e sós, o futuro se nos apresenta vazio e o presente congelado. Se a intensidade de perturbação aumenta [...] temos uma experiência de despersonalização.

Trancafiado em si mesmo, ameaçado, incompreendido, confuso e desorientado, o homem chega ao abismo da exaustão; perdido num labirinto de espelhos, a cada movimento ele se encara em sua forma mais angustiante de impotência e insignificância.

Nesse contexto de inquietação, tensão e ansiedade, surge a depressão, forma última da exaustão e do desespero. Desiludido, esgotado e sozinho, o homem volta-se para o mundo e nada vê; volta-se para as pessoas e elas lhe dão as costas, volta-se para si mesmo e mais nada encontra. A depressão se instala e o aniquila.

Bucher (1979) destaca que, como o ser humano tem, hoje em dia, o pensamento atraído pela focalização típica de nossa época nas ocorrências do corpo, o processo vital depressivo em instalação é levado a projetar-se sobre a esfera corporal, sendo vivenciado como doença física, surgindo, então, as chamadas distonias neurovegetativas (a clássica e já em desuso DNV) – a que muitos autores atribuem o nome, até certo ponto impróprio, de "depressão mascarada". Os padecimentos psicossomáticos mais frequentemente observados, segundo Bucher, são as perturbações do sono, as cefaleias diárias, as dispepsias, as diarreias, os distúrbios dermatológicos e cardiorrespiratórios.

Com essa sintomatologia, a pessoa inicia longa e infrutífera peregrinação por clínicas e ambulatórios, tendo sempre por conclusão e diagnóstico a frase: "Você não tem *nada*. Isso é *apenas* psicológico". São receitados alguns ansiolíticos, às vezes um ou outro antidepressivo, e muito pouco além disso acaba por ser feito. Se a pessoa tem condições socioeconômicas satisfatórias, será encaminhada para um longo e dispendioso tratamento psicoterápico. Se não, poderá ser encaminhada para alguma instituição, onde nova odisseia será iniciada: as longas e cansativas filas de espera, na expectativa da oportunidade – que chega a demorar anos – de poder realizar alguma forma de psicoterapia.

Sentindo-se outra vez desprezada e desamparada, empenha mais força na estruturação dos sintomas, os quais se tornam mais complexos e angustiantes, fechando ainda mais o cerco sobre si mesma.

Assim, novos mecanismos de defesa vão sendo mobilizados na tentativa de diminuir o sofrimento provocado pela angústia e pela depressão, desenvolvendo-se quadros psíquicos cada vez mais estruturados e cristalizando comportamentos inadequados e incapacitantes, cronificando a angústia e a ansiedade.

Delgado (1969) refere-se às reações psíquicas anormais como o foco axial das neuroses e, embora afirme não considerar os acontecimentos externos críticos como causa suficiente, dá a eles valor semelhante ao de condições predisponentes de personalidade e da constituição psicofísica da pessoa. Ainda nesse aspecto, Delgado atribui grande influência ao ambiente adverso no desenvolvimento desses quadros, afirmando que "isto se observa particularmente nas grandes cidades, onde, desde o princípio deste século, a civilização técnica dá à vida um ritmo apressado que perturba o desenvolvimento psíquico de crianças e jovens".

À "descompensação psicológica" pode seguir-se um quadro neurótico (às vezes até psicótico), cuja cronificação causa danos irremediáveis e permanentes, reduzindo e dificultando em muito uma ação terapêutica *a posteriori*.

Como, então, quebrar esse círculo vicioso? Como sair dessa situação?

PROPOSTA PSICOTERÁPICA DE SOLUÇÃO

ESSE É MAIS UM dos desafios que o profissional de saúde mental tem de enfrentar. Para tanto, é necessária a atuação em diversos níveis – do biológico (pois não se pode negar o excepcional avanço dos conhecimentos da psiquiatria biológica nos últimos tempos) e social (avaliando a atual situação de desconforto e as ameaças em que vive a população em geral) até o planejamento técnico-teórico de atendimento dessa população específica.

Assim, pois, o reconhecimento desse segmento populacional, com seu sofrimento, é uma das tarefas básicas do terapeuta atuante.

Mas tal reconhecimento, ainda que em nível primário e puramente psicológico, é bastante deficiente por parte dos agentes terapêuticos atuantes no nosso meio, pois as reais necessidades dessa população são, na maior parte, desconhecidas e/ou não vivenciadas pelo agente, que, também em sua maioria, é proveniente de classe econômico-social diversa da que procura seus serviços e, evidentemente, apresenta profundas diferenças existenciais, culturais, sociais e até de linguagem entre si.

Assim, nas palavras de Rosa Macedo (1984):

> Se há, pois, alguma abertura das instituições existentes, elas não sabem o que exigir do psicólogo, na medida em que não têm objetivos claros e definidos quanto ao atendimento voltado para a saúde mental, seja em que modelo for [...]. Se de um lado as instituições não explicitam sua finalidade, de outro os psicólogos não recebem formação específica para atuação em contexto diverso dos tradicionais.

No entanto, como o atendimento dessa população tem de ser feito, pois sua existência é flagrante e indiscutível, o que se observa é uma atuação caótica, desorientada, baseada em empirismos e adaptações pessoais marcadas por um ecletismo perigoso em que se perdem a coerência e o rigor teórico-metodológico, numa espécie de "luta vale-tudo" na qual se torna tênue o limite que separa a liberdade da técnica (e sua imensa possibilidade criadora) do uso indiscriminado de técnicas, teorias, posturas filosóficas, religiosas e experiências que lançam mão tanto do efeito placebo, que reconhecidamente têm, quanto do efeito nocebo[2].

Com a intenção de evitar o mais possível o alucinante caos terapêutico (como muitos autores já o fizeram em outras linhas de psicoterapia), no presente volume apresento um modelo técnico e teórico de base psicodramática dinâmica que possa ser aplicado não apenas em situações de emergência, mas transponha esse momento inicial e possa acompanhar a pessoa todo o período em que ela estiver atravessando uma crise existencial por meio da atuação da psicoterapia breve.

Discutirei as implicações metodológicas do psicodrama em psicoterapia breve e apresentarei a proposta de um modelo de ação terapêutica, considerando não só a discussão da indicação do próprio processo como também as fases que envolvem a evolução da psicoterapia breve psicodramática.

Constitui, portanto, objetivo deste livro a apresentação da psicoterapia breve em um enfoque psicodramático como proposta de solução da situação de "crise" em que se encontram determinados indivíduos, que buscam ou demandam por psicoterapia, principalmente em instituições, ambulatórios de saúde mental e postos de saúde.

---

2. *Nocebo*: neologismo utilizado pelo autor para designar o efeito semelhante ao *placebo*, porém com um sentido prejudicial (do latim *placere*, agradar; *nocere*, prejudicar). [N. E.]

1 Retrospectiva histórica

FASE INICIAL: DE FREUD AO EMDR

QUASE TODA A LITERATURA disponível no momento sobre psicoterapia breve tem raízes fortemente ligadas à psicologia psicodinâmica de Freud. Por conseguinte, suas observações dizem respeito tão somente a experiências que têm como base a teoria e a técnica psicanalíticas.

Vários autores (Malan, 1974; Marmor, 1979; Small, 1972; Wolberg, 1979) apontam Sigmund Freud como o pioneiro em aplicar o processo de psicoterapia de curta duração, principalmente em seus primeiros casos. Marmor (1979) cita os casos de Bruno Walter, o maestro que após seis sessões de psicoterapia com Freud, em 1906, considerou-se curado, e o do compositor Gustav Mahler, em 1908, a quem, após quatro sessões, Freud já havia sido capaz de curar elucidando a origem psicodinâmica de sua impotência seletiva com a esposa.

Small (1972) salienta que

> Freud acreditava que o fato de se conhecer a causa da neurose levaria rapidamente à sua solução e, nos primeiros tempos, insistiu na obtenção de um diagnóstico rápido da psicodinâmica responsável pela afecção e sua anulação por meio da interpretação ativa.

O próprio Freud, em seus "Estudos sobre a histeria", escritos em parceria com Breuer em 1893, cita o caso de Katharina, no qual fala de seu êxito no tratamento de emergência de um problema sexual que afligia a filha da dona de uma hospedaria em que se alojou durante suas férias. Em apenas uma entrevista com a jovem chegou à elucidação da dinâmica que envolvia sua problemática.

Entretanto, embora Freud (1913) tenha alcançado alguns sucessos com tais abordagens de curta duração, ele não as estruturou como forma técnica, chegando, por fim, a afirmar que a "psicanálise é sempre um processo terapêutico que requer longos períodos de tempo".

Assim, oficialmente, Freud rechaçou a ideia da psicoterapia breve, como cita Wolberg (1979):

> Ao comentar as tentativas de Otto Rank para superar em alguns meses o que o próprio Rank considerava o cerne da neurose, o trauma de nascimento, Freud comparou seus esforços aos de um bombeiro que, chamado para apagar um incêndio em sua casa, provocado por uma lamparina de petróleo que se entornara, se limitasse a retirar a lamparina do quarto e não atacasse o fogo generalizado.

Um autor que se destacou em defender um modelo de psicoterapia de curta duração foi Sándor Ferenczi, que, por volta de 1918, começou a utilizar o método que ele chamara de "terapia ativa". Tal "atitude psicoterapêutica ativa" opunha-se à "atitude passiva" que já havia tomado corpo na estruturação dos processos psicanalíticos da época. As ideias de Ferenczi foram expostas no Congresso Internacional de Budapeste em 1918, tendo recebido atenção especial de Freud, que se encontrava presente. Ferenczi, entusiasmado com os resultados satisfatórios que vinha obtendo, foi, no entanto, excedendo-se em sua "atitude ativa", chegando a receber críticas severas de vários psicoterapeutas e até de Freud. Em 1924, Ferenczi, em colaboração com Otto Rank, publicou o livro *Desenvolvimento da psicanálise*, no qual afirmou que "esplêndidas curas foram conseguidas algumas vezes em poucos dias ou semanas".

Otto Rank, por seu lado, deve merecer papel de destaque na história da psicoterapia breve, pois é sua a ênfase dada ao processo breve de manutenção de uma "atuação de foco", acerca da qual se desenvolve a psicoterapia. Tal proposta deve-se menos à ideia de "foco terapêutico" e mais à própria teoria do "trauma do nascimento", em torno do qual procurava basear suas interpretações psicanalíticas. É inegável, entretanto, o pioneirismo de Rank na estruturação da psicoterapia breve, devido à introdução da proposta de *limite de tempo* e *foco* como central no processo terapêutico, além de ressaltar a extrema importância da "boa vontade" do paciente no processo de cura, chamando a atenção insistentemente para a mobilização e a motivação dele em relação ao processo como elementos fundamentais para o seu êxito.

Nessa fase inicial, também são citados por autores como Malan (1974) e Small (1972) os trabalhos de Binswanger (1912) e Tannembaum (1913) em psicoterapia breve, com resultados considerados de "bons a excelentes".

Em 1941, o Instituto de Psicanálise de Chicago promoveu um congresso de âmbito nacional sobre "Psicoterapia breve", no qual foram apresentados os primeiros trabalhos de French e Alexander sobre o tema, publicando pela The Roland Company o livro *Terapêutica psicanalítica: princípio e aplicação*.

Franz Alexander, de quem partiu a ideia de realizar extenso trabalho sobre o tema, por sete anos, propôs, nas apresentações durante o citado congresso, uma série de modificações na técnica psicanalítica que vinha até então se desenvolvendo. Uma das modificações consistia, em essência, na intenção de o terapeuta agir de modo completamente diferente do que o paciente esperava da autoridade ligada à sua imagem parental. Seria essa a arma mais importante com a qual os psicanalistas lutariam contra o principal inimigo na psicoterapia breve: a transferência. Outra modificação da técnica foi a alteração no número e na frequência das sessões, a fim de lidar com os aspectos da dependência. Outra importante abordagem formulada por Alexander diz respeito à preocupação com o passado, a qual deve ser superada pelo estudo do presente e das condições circundantes da vida atual. Além disso, ele propôs a combinação da terapêutica psicanalítica com o uso de medicação e outras formas alternativas de terapia. Essas colocações evidenciam a mudança de atitude no processo terapêutico, no sentido de que transforma o núcleo da questão – não a *teoria* preestabelecida, mas a *pessoa* e suas necessidades.

Excetuando-se alguns informes de trabalhos realizados em hospitais militares durante a década de 1940, os anos 1940 e 1950 pouco produziram para que se possa afirmar que a psicoterapia breve era uma realidade em crescimento.

Durante a Segunda Guerra Mundial e logo após o seu término, alguns trabalhos foram realizados com combatentes e veteranos de guerra. Nesses trabalhos destacou-se a participação de Leopold Bellak e Leonard Small (1980), que começaram a aplicar elementos da psicoterapia da emergência e da psicoterapia breve. Aliás, foi devido à ação da Associação dos Veteranos da Guerra do Vietnã, em conjunto com a Associação Psiquiátrica Americana (APA), que se desenvolveu o conceito de transtorno de estresse pós-traumático, reconhecendo-se os efeitos devastadores para o psiquismo de fenômenos críticos, com suas inúmeras repercussões, na vida das pessoas que por eles passaram.

Destaque especial também deve ser dado a Michael Balint, que, aliado a vários colaboradores, desenvolveu extenso programa de psicoterapia breve na Clínica Tavistock, em Londres, entre 1950 e 1960. Nesse estudo, Balint (1975) chegou a executar um plano de "formação" de clínicos-gerais com habilidade em psicoterapia breve, antevendo uma postura que hoje, quase meio século depois, apenas alguns médicos chegaram a compreender e a adotar em seus procedimentos propedêuticos.

Foi o próprio Balint quem afirmou, em seu clássico livro de psicologia médica, editado originalmente na Inglaterra, em 1956 – O *médico, seu paciente e a doença* –, que a principal medicação que um médico pode e deve receitar a seu paciente se chama *"substância médico".*

Em 1963, D. H. Malan publicou um trabalho realizado na Clínica Tavistock, entre janeiro de 1955 e janeiro de 1958, no qual 21 pacientes foram exaustivamente analisados com a realização, inclusive, do recurso de avaliação anterior e posterior ao tratamento com testes psicológicos como o TAT e o Rorschach. Nesse trabalho há uma descrição detalhada dos casos estudados, com especial atenção para o seguimento em longo prazo dos pacientes tratados.

Nessa mesma época, em Boston, Massachusetts, sem que tivesse conhecimento dos trabalhos ingleses, no General Hospital, P. E. Sifneos estudava o mesmo assunto, tendo publicado uma série de trabalhos, a partir de 1958, em que afirmava estar "redescobrindo" os trabalhos de French e Alexander.

Um grande trabalho estatístico sobre o tema surge em 1965, quando Wolberg e colaboradores publicaram o resultado de um projeto iniciado em 1959, ocasião em que o Group Health Insurance, Inc., de Nova York, patrocinou a psicoterapia breve de 1.115 pacientes – homens, mulheres e crianças que, no final do limitado período de tratamento (média de 15 sessões individuais com duração de 45 minutos cada uma), declararam que a cura ou melhora tinha sido obtida em 76% dos casos. Nesse mesmo trabalho foi citado que, em um estudo posterior, desenvolvido num período médio de dois anos e meio, 81% dos pacientes apresentavam recuperação ou melhora constantes.

PUBLICAÇÕES RECENTES

ATUALMENTE, COMPREENDENDO O PERÍODO dos últimos 20 anos, grande número de publicações, de diversas orientações teóricas e metodológicas, tem surgido.

Em 1978, foi publicada no Brasil a tradução do livro *Teorias e técnicas de psicoterapias,* em que Hector J. Fiorini parte de sua exigência no rigor conceitual para discorrer sobre a ação da psicoterapia, delimitando e indicando a possível articulação de diferentes procedimentos técnicos (inclusive as técnicas psicodramáticas). Essa publicação complementou-se com o livro *Desenvolvimentos em psicoterapias*, de Fiorini e Peyrú, publicado também em 1978. Em 1979, foi lançado pela W. B. Saunders Company um volume da The Psychiatric Clinics of North America, em que se apresenta um simpósio sobre diferentes aspectos da psicoterapia breve, com artigos de vários autores norte-americanos. A revista publicou artigos que tratam dos aspectos da teoria da crise (escrito por G. F. Jacobson) até a utilização de medicação pela psicoterapia breve (escrito por K. White e R. B. Sloane).

Observa-se, porém, que em todas essas publicações e nas que citarei a seguir a orientação fundamental que norteia o trabalho sobre psicoterapia breve é psicanalítica (ou psicodinâmica), de tal modo que o psicodrama é citado apenas como recurso técnico auxiliar, que pode ser utilizado em situações especiais. Uma dessas referências é feita no trabalho de Clare (1979), no qual se discorre sobre as "novas abordagens em psicoterapia", ao lado de uma explanação sobre todas as demais técnicas e teorias de psicoterapias reconhecidas nos Estados Unidos até 1979, independentemente de terem ou não um plano estruturado para a psicoterapia breve.

Outra citação do psicodrama como método auxiliar do processo terapêutico utilizado na psicoterapia de crise pode ser encontrada no livro de Moffatt (1982).

Kusnetzoff (1975) procura introduzir o psicodrama em psicoterapia breve apresentando-o, ao lado de muitas dúvidas de como fazê-lo, como intervenção não interpretativa na psicanálise de crianças e adolescentes.

Kesselman (1971) também faz referência ao psicodrama quando diz que "as técnicas de dramatização [...] são um artifício muito proveitoso" em casos em que a comunicação verbal com o paciente mostra-se extremamente dificultada.

São também encontradas referências ao uso do psicodrama nos escritos de Knobel (1971) e de Kalina e Raskovski (1971). Em ambos os trabalhos, assim como nos demais citados, o que chama a atenção é a preocupação desses autores em citar o psicodrama apenas como *recurso técnico* e não como linha ou postura psicoterapêutica.

Em 1983, contudo, foi publicado na França o livro de Edmond Gilliéron (1986). Em sua avaliação da evolução da psicoterapia breve, ele afirma:

> A partir de 1960, as publicações multiplicaram-se nos países anglo-saxões em proporções muito vastas, mas pelo menos três quartos delas colocam em primeiro plano suas preocupações com os problemas sociais (necessidades da população), e não a dinâmica do processo psicanalítico: as referências psicanalíticas são raras, quando não ausentes.

Gilliéron, que é membro da Sociedade Suíça de Psicanálise, nessa publicação procura resgatar para si o papel de autêntico psicanalista realizando psicoterapia breve desde Alexander e enquadrando todos os outros autores em categorias que ele chama de "possivelmente de orientação psicodinâmica".

Em 1985 foram publicados dois trabalhos sobre psicoterapia breve no *British Journal of Psychotherapy*. Tanto o de Sopia Storr quanto o de Angela Molnos procuram apreciar o crescimento das técnicas de psicoterapia breve desenvolvidas por Malan e Davanloo numa clara definição de psicoterapia breve psicodinâmica.

Em 1986 surge o livro de Maurício Knobel, *Psicoterapia breve*, no qual a referência ao psicodrama se restringe a assinalar a existência de minha dissertação de mestrado como fonte bibliográfica para o tema.

Não se podem deixar de lado as excelentes observações do médico norte-americano Aaron Beck, que, nos anos 1960, redefiniu a psicanálise e agrupou métodos da terapia comportamental, criando a hoje tão aclamada terapia cognitivo-comportamental (TCC), único método terapêutico reconhecido pela Associação Psiquiátrica Americana (APA) devido às possibilidades de, por meio da aplicação de questionários padronizados, seus resultados serem avaliados quantitativamente, como exige a ciência atual.

Também não se pode excluir desta pequena resenha o método conhecido como EMDR (eyes movement desensitization and reprocessing), em português dessensibilização e reprocessamento por movimentos oculares, desenvolvido pela educadora e PhD em Psicologia norte-americana Francine Shapiro no final dos anos 1980.

Em 1987, foi publicada uma série de artigos na revista *Informaciones Psiquiátricas*, de Barcelona, assinados por Perez-Sanchez e colaboradores, sob o título de "Psicoterapia breve psicanalítica".

Patrícia Lindenberg Schoueri, médica-assistente do Serviço de Psicoterapia do Instituto de Psiquiatria do HC-FMUSP, em 1992, defendeu, pela Faculdade de Medicina da USP, sua dissertação de mestrado, *Psiquiatria dinâmica breve em instituições*, enfocando os aspectos psicanalíticos desse procedimento e dando origem ao "Grupo de Psicoterapia Breve" do qual é coordenadora. Nesse trabalho, mais uma vez, o psicodrama é apenas citado como uma alternativa de abordagem.

Assim, mais claramente, não há nenhuma referência ao psicodrama, seja em aspectos práticos, técnicos ou teóricos.

APLICAÇÃO E DESENVOLVIMENTO NO BRASIL

No Brasil, a referência a trabalhos em que a psicoterapia breve passou a ser ensinada e praticada de forma sistemática remonta ao início da década de 1970, quando foi instalado o Ambulatório do Centro Psiquiátrico do Hospital das Clínicas da Universidade Federal do Rio Grande do Sul, sob orientação de Eizirick (1984).

PSICOTERAPIA BREVE

Embora sem publicação oficial, os primeiros registros de psicoterapia breve em nível institucional no Brasil remontam a 1954, quando a psicóloga Mathilde Neder, na então Clínica de Ortopedia e Traumatologia do Hospital das Clínicas da Faculdade de Medicina da Universidade de São Paulo, começou a tratar pacientes com problemas ortopédicos (pré e pós-cirurgia da coluna, em crianças), em trabalhos de curta duração com objetivos determinados, conforme comunicação pessoal editada em 1984.

Em 1987, a *Revista de Psiquiatria Clínica*, do Instituto de Psiquiatria do Hospital das Clínicas da Faculdade de Medicina da Universidade de São Paulo, publicou um trabalho de Carmita Abdo (1987) sobre seis anos de experiência da autora em psicoterapia breve com alunos da Universidade de São Paulo.

Quatro livros editados no Brasil sobre o tema psicoterapia breve merecem destaque. O de Vera Lemgruber (1984); o já citado livro de M. Knobel (1986); o de Sofia Caracushansky (1990); e a obra coordenada pelo dr. Carlos David Segre (1997), que contempla uma coleção de capítulos escritos por diversos profissionais da área que se dedicam ao assunto, incluindo o autor deste livro. Há ainda outras obras e alguns artigos publicados nesse período, mas com pouco ou nenhum alcance entre os profissionais especializados.

Em nosso meio, porém, têm surgido alguns trabalhos que introduzem a teoria e a técnica do psicodrama para a psicoterapia breve. O II Congresso Brasileiro de Psicodrama, realizado em Canela (RS), em 1980, apresentou dois trabalhos (Ferreira-Santos, E.; Wajnsztejn, N. B.; e Paiva, L. A.) em que o tema foi abordado.

Em 1984, no IV Congresso Brasileiro de Psicodrama, realizado em Águas de Lindoia (SP), houve a apresentação de mais dois trabalhos (Ferreira-Santos, E. e Oliveira Neto, A.) sobre o tema. Ainda em 1984, o V Congresso Latino-Americano de Psicodrama, realizado em Buenos Aires, na Argentina, organizou uma mesa-redonda, coordenada pelo dr. Carlos Collazo, sobre "Sicoterapia de objetivos limitados", além de apresentar o

EDUARDO FERREIRA-SANTOS

trabalho de Ferreira-Santos (1984) sobre psicoterapia breve sob enfoque psicodramático.

É importante citar, ainda, que há vários anos o psicodrama vem sendo utilizado em psicoterapia breve e em algumas formas de "psicoterapia especiais", como a psicoterapia de casal, o trabalho psicodramático com gestantes e até mesmo o *role-playing* da relação médico-paciente (ainda que aqui tenha função psicoprofilática e pedagógica), sem, no entanto, ter-lhe sido dada estruturação técnico-teórica especial.

Também já foram apresentadas as observações e as conclusões de vários grupos de psicoterapia breve, realizados por médicos residentes com pacientes de ambulatório do Instituto de Psiquiatria do Hospital das Clínicas da Faculdade de Medicina da Universidade de São Paulo, sob a supervisão do dr. Luiz M. Altenfelder e Silva Filho (1981 e 1984). Nesses trabalhos, desenvolvidos com base na técnica psicodramática, são comentados os aspectos pertinentes à técnica e sua eficácia terapêutica, os quais demonstram a imensa utilidade desse procedimento em instituições de ensino e assistenciais.

Em 2011, foi publicado o livro *De vítima a sobrevivente*, deste autor em coautoria com Marisa Fortes, psicóloga, jornalista e mestre em Psicologia, baseado em um longo trabalho exercido no Instituto de Psiquiatria do Hospital das Clínicas da Faculdade de Medicina da USP com vítimas da violência urbana.

Entretanto, indiscutivelmente, cabe a J. L. Moreno, o criador do psicodrama, a proposta de realizar um processo terapêutico focal que seja o mais breve possível. Em seus "protocolos", Moreno deixa clara tal intenção ao narrar as experiências desenvolvidas nos trabalhos com o menino Karl (Viena, 1922) e com o jovem William (Nova York, 1939).

Até mesmo o célebre relato da experiência com George e Bárbara, que serviu de modelo para Moreno estruturar o teatro da improvisação como instrumento terapêutico, tem características intrínsecas (utilização do conceito de foco e curta duração) da psicoterapia breve. Em seus trabalhos anteriores com grupos de crianças, refugiados e prostitutas de Viena, Moreno revelou preocupação com a "atitude ativa" do "terapeuta" – em que, depois de sua participação inicial no processo, sai aos poucos de cena para que os próprios integrantes dos grupos formalmente constituídos possam elaborar e traçar seu destino, numa espécie de grupos "autodirigidos", ou, como seriam chamados hoje, grupos de autoajuda.

As sessões de psicodrama público dirigidas por Moreno em Beacon, nos Estados Unidos, continham a ideia de um processo ativo de curtíssima duração e fundamentalmente focal, que procurava, num único ato terapêutico, penetrar o mais profundo na mente de uma pessoa e libertá-la da escravidão imposta pelos "fantasmas" de seu mundo interno.

Nas palavras de Moreno, notamos sua postura básica: "Precisamos levar o público a compreender que as formas ativas de psicoterapia podem ser tão benéficas como as formas passivas e que os problemas difíceis exigem uma psicoterapia ativa".

Já há alguns anos, instituições particulares (como o Daimon, o AR e outras) têm reeditado as sessões abertas criadas por Moreno, nas quais a pessoa paga a entrada para uma única sessão noturna e participa (ativa e passivamente) de um "ato terapêutico". Os relatos pessoais e as avaliações periódicas desses trabalhos têm revelado até que ponto são importantes e realmente terapêuticas tais atividades.

2 A psicoterapia breve

INTRODUÇÃO

As chamadas psicoterapias breves são tratamentos de natureza psicológica cuja duração é intrinsecamente inferior à de uma psicoterapia clássica. Essa não é, no entanto, sua única caracterização, como chegam alguns a afirmar, mas apenas a consequência de um todo. Esse todo envolve sistematização própria com a finalidade de constituir um processo de psicoterapia com determinado tempo de duração, mas também com objetivos definidos e precisos, centrados na evolução de um *foco*. Atualmente, numerosos centros de atendimento psicológico nos Estados Unidos, na Europa e na Argentina têm se preocupado em desenvolver "formas alternativas" de psicoterapia, procurando sempre evitar os processos prolongados e muitas vezes ineficientes em alguns casos, os quais são bem onerosos tanto para a população em geral quanto para a instituição patrocinadora, seja o Estado ou alguma entidade assistencial privada. Assim, vários "métodos" de psicoterapia vêm surgindo nos últimos anos, e cada um deles tem orientação teórica e metodológica próprias.

Importa salientar que nosso objetivo é apresentar uma sistematização da psicoterapia breve de orientação psicodramática, isto é, os fundamentos preestabelecidos do psicodrama e as formulações definidas do que seja um tratamento psicológico com tempo e objetivos determinados, organizando de forma sistemática a evolução de um *ato processual* de psicoterapia breve.

Para tanto, neste capítulo farei uma revisão teórica dos mais importantes conceitos de psicoterapia breve e de teoria da crise (principal indicação para o processo) para, no final, apresentar a compreensão psicodramática de uma situação de crise, sugerindo aos leitores pouco familiarizados com o psicodrama que procurem complementar suas informações com uma série de livros específicos sobre a teoria e a técnica dessa abordagem.

É importante salientar o contexto em que venho realizando esse trabalho, há mais de 15 anos, que inclui a prática de psicoterapia em clínica particular e, principalmente, em âmbito assistencial, no Serviço de Psicoterapia do Instituto de Psiquiatria do Hospital das Clínicas da Faculdade de Medicina da Universidade de São Paulo. Isso dá a dimensão de minha proposta e o eixo do meu objetivo de ação terapêutica – que é, efetivamente, a resolução dos quadros apresentados pelos pacientes assistidos.

TIPOS DE PSICOTERAPIA BREVE

O PRIMEIRO PONTO A ser determinado é o tipo de psicoterapia breve que se tem em mente, o qual, a meu ver, pode ser classificado da seguinte forma:

a *Psicoterapia breve mobilizadora:* trata-se de um processo que tem como objetivo a evidenciação da ansiedade contida em processos mórbidos que o paciente apresenta mas, devido a diversos fatores, principalmente mecanismos repressivos, ele ainda não se encontra apto (ou mobilizado) para submeter ao processo psicoterápico.

b *Psicoterapia breve de apoio:* trata-se, por sua vez, de um processo de ação terapêutica que visa diminuir a ansiedade do paciente que sofre de dificuldades emocionais, independentemente de sua origem. Terapia eficiente para pacientes da *área hospitalar,* cuja maior dificuldade está em lidar de forma adequada com algum distúrbio somático que o levou ao hospital, seja clínico ou cirúrgico. Tal trabalho vem ganhando, dia a dia, mais espaço nos grandes centros hospitalares modernos.

c *Psicoterapia breve resolutiva:* destina-se a procurar a origem intrapsíquica da situação de crise vivida pelo paciente com o objetivo de solucionar o quadro apresentado. Tem por determinação o principal objetivo de uma *psicoterapia* (óbvio, a meu ver): o ser terapêutico, isto é, ela tem em vista efetivamente *tratar.*

Tendo, então, delimitado o campo em que se pretende trabalhar, isto é, o terapêutico, a seguir salientamos algumas questões básicas como as indicações dessa modalidade de tratamento, o problema de "focalização", a duração do processo, o prognóstico esperado e, com destaque, a metodologia adequada a esse tipo de processo.

CONCEITO DE PSICOTERAPIA BREVE

A PRÁTICA CLÍNICA DA psicoterapia psicodramática, influenciada por conceitos psicanalíticos, converteu-se em um processo cada vez mais longo, mais amplo e hiperdimensionado do que inicialmente idealizara Moreno.

Para ele, a psicoterapia psicodramática tem como meta a cura, possibilidade de o paciente retornar às suas condições psíquicas anteriores à doença num tempo mínimo, no qual ele consiga aceitar a realidade de seu ser no mundo, isto é, como a pessoa é e quais as suas *reais* possibilidades de ser e agir.

Deve penetrar no psiquismo da pessoa e ajudá-la na realização de si mesma, auxiliando-a a seguir o caminho de sua vida, interrompido pelo estabelecimento de sua situação especial de "doença" (uma crise, por exemplo) e fazendo que ela tenha o controle de suas variáveis individuais.

O final deve ser reintegrar o "doente" na cultura a que pertence, ajudando-o a manifestar todo o potencial possível em todos os campos da atividade criadora, mas, obviamente, levando em conta as suas limitações naturais.

Sobre esse último aspecto, é interessante notar a expressão comumente utilizada por Moreno como metáfora de situações impostas às pessoas em certas linhas de psicoterapia e/ou "filosofias de vida": o *leito de Procusto*, lembrando a figura da mitologia grega que obrigava os viajantes aos quais assaltava a se deitar em um leito que nunca se ajustava a seu tamanho. Cruelmente, Procusto cortava as pernas daqueles que excediam o tamanho do leito, ou, por meio de cordas, esticava os que não atingiam a medida.

Não se trata, como poderiam pensar alguns, de uma concepção "conformista", mas, ao contrário, de uma visão realística em que o indivíduo é situado no próprio meio, na própria realidade, de forma que lhe permita ser o que é e não o que se idealizou que ele fosse.

Nos processos terapêuticos que realizo, costumo citar a meus clientes o famoso conto *Patinho feio*, salientando que, na vida real, não interessa se se é *pato* ou *cisne*, pois ambos têm seus valores, positivos e negativos. O importante é nos conscientizarmos de nossa real posição existencial, pois se queremos ser *cisnes* quando somos *patos*, ou vice-versa, perdemos a verdadeira possibilidade de sermos um "bom pato" (se somos patos) ou um "bom cisne" (se somos cisnes).

E assim se resume a ideia de uma psicoterapia breve, isto é, procurar, com o ser que sofre, encontrar a solução para a sua aflição, primeiramente pesquisando no campo do "mundo externo" e, a seguir, no seu "mundo interno" as origens do seu sofrimento, sem se estender por longos caminhos de modificação.

Portanto, o processo de psicoterapia breve envolve a criação de um vínculo transitório entre terapeuta e cliente baseado na relação dialógica e estruturado na empatia, com um nível mínimo de consolidação para que se possa desenvolver, tanto no contexto dramático quanto no relacional, certa experiência emocional de correção (*experiência emocional corretiva*), aqui empregada num sentido mais amplo do que o proposto por Alexander, pois envolve não apenas a experiência relacional, mas também a revivência psicodramática corretiva, que possibilita a emergência de aspectos inconscientes transferencialmente agregados à situação vivida no presente pelo paciente. Tal situação permite o reconhecimento desses aspectos profundos (*insight*) e a liberação de cargas emocionais bloqueadas a eles ligadas (*catarse de integração*).

Outro elemento que se apresenta para a conceituação de psicoterapia breve é a determinação do objetivo a ser alcançado pelo processo. E o objetivo, primordialmente, não é outro senão o de atingir aquele equilíbrio existente antes da crise, com a resolução desses aspectos transferenciais agregados.

Assim, isso traz à tona outra questão: a da focalização, a qual merecerá um item destacado mais adiante. Desde já, no entanto, é importante afirmar a necessidade de sua correta identificação por parte do terapeuta, pois disso depende o êxito do processo.

Quanto ao termo *breve*, que indica um fator específico nessa modalidade de psicoterapia, trata-se efetivamente da limitação da duração do tratamento determinado desde o início do trabalho, o qual tem por fundamentação não somente as questões socioeconômicas institucionais ou particulares, mas também a observação de que uma crise é limitada no seu tempo de duração. Há também, em sua argumentação, a proposição colocada por Malan (1981) de que o período predeterminado para a duração do processo desencadeia uma "ansiedade positiva", algo parecido com o princípio existencialista de que o *reconhecimento da morte possibilita a vida.*

Finalmente, quero ressaltar que os meios de alcançar o objetivo terapêutico envolvem vários níveis de ação, os quais vão de mostrar ao paciente o que está realmente acontecendo e de que forma ele está reagindo (*clareamento*), passando por uma etapa pedagógica na qual lhe serão oferecidas algumas alternativas de solução (*esclarecimento*), até atingir a fase mais importante do processo, a abordagem psicodramática direta dos conteúdos do mundo interno que impedem o seu livre desempenho (*resolução*).

Nesse sentido, a psicoterapia breve tem por finalidade uma *experiência emocional corretiva* em que se oferece ao paciente a oportunidade de vivenciar uma situação especial num contexto relacional de aceitação e segurança, no qual ele possa chegar a uma formulação interna do conflito e reestruturar sua vivência de ansiedade diante de uma condição emocional antes insuportável.

Reunindo todos esses elementos apresentados, é possível chegar a uma conceituação psicodramática de psicoterapia breve:

Uma forma de tratamento de distúrbios de natureza emocional, fundamentada no referencial teórico do psicodrama, que se utiliza de alguns elementos técnicos de outras linhas de psicoterapia, de objetivos terapêuticos determinados, na medida em que se restringe a abordar certas áreas de conflito previamente limitados num foco; caracterizada por se desenvolver num tempo limitado de duração, fixado ao início do processo. Praticada por um terapeuta previamente treinado que adota uma atitude bastante ativa, de verdadeiro "ego-auxiliar", baseando seu trabalho na relação empática, dá especial ênfase ao "atual", sem deixar de se preocupar com os conflitos internos no que tenham de interligação com os atuais, na expectativa de que, por meio do insight e da catarse de integração, possa ser restabelecido o equilíbrio psíquico antes presente.

CRITÉRIOS DE INDICAÇÃO

VÁRIOS AUTORES TÊM APRESENTADO uma gama de indicações para psicoterapia breve – das bastante restritas, como as de Sifneos (1989), às muito amplas e flexíveis de Davanloo (1979), as quais incluem até traços graves de personalidade.

É indubitável que nem todos os pacientes possam beneficiar-se de um processo de psicoterapia breve, devendo a seleção basear-se não apenas em critérios clínicos, que são fundamentais mas não suficientes, mas também em hipóteses psico e sociodinâmicas.

Ao apresentar os critérios nos quais tenho me baseado para a indicação, procederei também a uma breve revisão dos fatores mais utilizados por diversos autores:

a *Início recente dos transtornos:* a maioria dos autores consultados concorda com a opinião de que é preferencialmente benéfico o trabalho terapêutico com pacientes cujos sintomas tenham se manifestado recentemente, ou então que se trate de um episódio agudo dentro de um transtorno crônico. Malan (1963) destoa dos demais ao afirmar a possibilidade de êxito no tratamento de antigos distúrbios.

b *Capacidade egoica:* por meio da avaliação da capacidade do paciente de tolerar a ansiedade e a frustração, aliada à ampla utilização de mecanismos saudáveis de defesa, bem como sua capacidade de introspecção e reconhecimento da vida interior, enfim, sua capacidade de *insight*, pode-se alcançar bom prognóstico quanto à psicoterapia breve.

De acordo com Balint (1975) e Fiorini (1978), as observações realizadas nas entrevistas iniciais são fundamentais para o estabelecimento desse critério.

c *Motivação para o tratamento:* segundo Balint (1975), o terapeuta há de ter a impressão de que o conflito interno do

PSICOTERAPIA BREVE

paciente entre sua enfermidade e o resto de sua personalidade permanece suficientemente intenso, isto é, a enfermidade é algo contrário a si, que ainda não foi aceito por ele e integrado em sua estrutura. Em outras palavras: que o paciente não defenda sua enfermidade como parte narcisicamente valorizada de sua personalidade; que não prefira a enfermidade à mudança.

A meu ver, esse é um dos mais importantes critérios, pois quando eu revia os aspectos históricos no primeiro capítulo deste livro falei da preocupação de Otto Rank com a motivação do paciente para o sucesso de qualquer psicoterapia. E a motivação resulta dessa experiência de se perceber acometido por algo que não lhe pertence.

d *Fatores do terapeuta:* quase todos os autores consultados, notadamente Balint (1975), Malan (1974), Knobel (1986) e Perez-Sanches *et al.* (1987), dão ênfase à capacidade do terapeuta tanto em termos técnicos (possibilidade de avaliação e diagnóstico precisos) quanto em termos de "saúde psicológica", isto é, sua capacidade de empatia e não de identificação e/ ou de contratransferência exacerbada em relação ao cliente.

e *Contraindicações:* pouco eficaz ou mesmo contraindicada é a psicoterapia breve, segundo vários autores, conforme dois aspectos básicos:

1 *diagnóstico clínico:* psicoses, doenças psicossomáticas (que de acordo com novas interpretações têm sido consideradas "psicoses no corpo"), personalidades psicopáticas, drogadição, obsessões graves, tentativas potencialmente eficientes de suicídio, agitação psicomotora com agressividade.

2 *diagnóstico psicodinâmico:* quando há grandes debilidades egoicas, com dependências simbióticas intensas, ambivalência, tendência ao *acting out*, escassa motivação para o trata-

mento, dificuldade para estabelecer um foco devido ao entrelaçamento de múltiplas situações dinâmicas.

De início, quero salientar que não só concordo com eles, como tenho aplicado diversos desses critérios defendidos por esses autores para indicação de psicoterapia breve. No entanto, o critério que me parece merecer maior realce é o da *indicação clínica*.

Nesse sentido, ao longo de minha experiência, tenho observado o efetivo benefício que a psicoterapia breve propicia a pacientes que vivem situações de crise, pelas suas próprias características de ser autolimitada, geralmente focal, cujo prognóstico de resolução pode ajudar bastante no acompanhamento psicoterapêutico para a obtenção de soluções positivas e reposicionamentos importantes na vida pós-crítica.

No entanto, a questão da capacidade egoica é também fundamental, por ser um critério *sine qua non* para a indicação. Infelizmente, trata-se de um elemento de difícil precisão, haja vista suas controvérsias conceituais entre os diversos pesquisadores da mente humana.

Sem pretender determinar com convicção esse conceito, prefiro aceitar como "grau de naturalidade psíquica" (ou seu equivalente determinado "força do ego") o comportamento de uma pessoa que possua amplo grau de liberdade, e desempenhe a contento diversas solicitações de seu mundo interno e externo e, ao ultrapassar as inúmeras barreiras de vida (estejam elas no âmbito dos conflitos intrapsíquicos ou sociais), tenha obtido uma gama considerada satisfatória de sucessos ao longo dessa caminhada.

Com isso quero dizer que o "grau de maturidade" de um indivíduo pode ser avaliado por seu nível de aptidão plástica de adaptação, pela mobilidade e flexibilidade nas diversas solicitações a que foi submetido, com ou sem êxito, sem "perder o rumo" do eixo central de seu projeto de vida, lançando mão de sua *espontaneidade* para encontrar novos caminhos que o recoloquem na direção de seus objetivos existenciais.

Para Moreno, "os aspectos tangíveis do que é conhecido como *ego* são os papéis em que a pessoa atua". Por conseguinte, a "força do ego" pode ser avaliada pela disponibilidade de um grande número de papéis utilizados e pelo grau de espontaneidade comumente manifestado pelo indivíduo. Tal "grau de espontaneidade" é assim apresentado por Moreno (1978):

> A espontaneidade acha-se (ou não se acha) disponível em graus variáveis de acesso imediato, desde zero até o grau máximo, e opera como catalisador psicológico. Assim, o indivíduo diante de uma nova situação não tem outra alternativa senão utilizar o fator *e* como guia, apontando-lhe as emoções, os pensamentos e as ações mais apropriadas.

Assim, a "força do ego" ou a "maturidade" de uma pessoa, a meu ver, poderá ser avaliada por uma "prova de espontaneidade", na qual serão consideradas as respostas mais dadas por essa pessoa no desenrolar de sua história de vida, levando em conta os princípios de incorporação das experiências, os níveis de satisfação e insatisfação apresentados nas várias ocasiões, a capacidade de criação, a elaboração e a comunicação de conteúdos internos e, finalmente, o nível de organização interna e a ação dirigida para o ambiente externo (desempenho de papéis).

Portanto, a indicação precisa de psicoterapia breve está, a rigor, reservada a pessoas que, com um grau satisfatório de maturidade, enfrentem situações particulares de crise ou descompensação caracterizadoras de quadros reativos agudos.

No entanto, não é apenas o quadro clínico que sustenta os argumentos a favor do desenvolvimento de planos de ação de psicoterapia breve. Ao lado da indicação clínica, o ponto de vista social assume importância, pois, diante dos atuais sistemas institucionais de atendimento psicoterápico, a opção que se oferece na prática é de um tratamento supostamente prolongado ou de nenhum tratamento, o que deixa o paciente em agonia nas longuíssimas filas de espera. Mesmo na clínica privada, o elevado custo de um processo psicoterápico de longa duração, com a consequente dificuldade do paciente de custeá-lo, acaba por exigir do terapeuta a reformulação de seus princípios de ação, de modo que, ao respeitar a indicação clínica e a situação de desenvolvimento egoico do cliente, vê-se frente a frente com a indicação de psicoterapia breve.

Outro ponto a considerar na indicação de terapia breve é, a meu ver, o que eu chamo de "nível de expectativa" da pessoa, no qual desempenhem fator preponderante da personalidade o concretismo e o imediatismo tanto do pensamento quanto do comportamento. Apesar de todas as críticas que possam ser feitas a esse respeito, é incontestável que, no atual estágio de nossa cultura, grande parte da população tem exigências básicas mais simples, ou seja, de nível primário de sobrevivência física e social. Para essa imensa parcela da população, pensar e falar em "tele", "transferência", "triangulação" etc. é o mesmo que não falar em nada.

Sobre esse aspecto, é importante assinalar as observações de Kesselman (1971) sobre o nível de expectativa do "homem do povo":

> Para as pessoas, em geral, os tratamentos médicos pouco capazes são os tratamentos prolongados ("bom; se breve, duas vezes bom"), em que elas medem a competência e a hierarquia dos profissionais pela rapidez com que podem curar os pacientes. Não é raro que a comparação se dê nestes termos: "Mas por que você não vai ao dr. Fulano para que o trate? É ótimo. O mal-estar do qual eu vinha sofrendo há anos ele curou numa semana!"

Não quero, com isso, dizer que não se deva levar a todas as pessoas a oportunidade de entrar em contato com seu mundo interior, mas apenas que, paralelamente a isso, constitui exigência imperiosa e imediata resolver os problemas básicos ou mínimos, abrindo-se espaço para uma posterior evolução num sentido mais amplo.

Nesse caso, cabe salientar que a psicoterapia breve pode ter alcance ainda maior ao despertar nas pessoas que a ela se submetem um novo modo de ver e compreender a si mesmas como seres integrados biopsicossocialmente. Nesse sentido, a terapia breve poderá funcionar como um clarão que, momentaneamente, ilumine aspectos da vida até então sequer imaginados e sirva de instrumento de mobilização para um processo mais amplo de engajamento social e até mesmo para uma psicoterapia prolongada.

A meu ver, portanto, a indicação da psicoterapia breve sustenta-se num tripé assim estabelecido:

1 *Quadro clínico:* indicação para os pacientes de quadros agudos caracterizadores de situações de crise.
2 *Quadro social:* disponibilidade econômica e/ou pessoal por parte tanto do paciente quanto do agente terapêutico.
3 *Quadro de expectativa:* avaliação do nível intelectivo-cultural, levando em conta o grau de expectativa do paciente diante do processo terapêutico.

Com essa perspectiva, amplia-se o campo de indicação da terapia breve para os casos considerados crônicos, *borderlines* e psicóticos, valendo a terapia, em nível institucional, como instrumento de mobilização.

FOCALIZAÇÃO

OUTRO PONTO A SER abordado na delimitação teórica da psicoterapia breve é o conceito de *foco*. Lemgruber (1984) define como foco "o material consciente e inconsciente do paciente, delimitado como área a ser trabalhada no processo terapêutico através de avaliação e planejamento prévios".

Fiorini (1978) faz uma excelente apresentação desse conceito em seu livro, descrevendo-o como uma organização complexa da qual fazem parte formulações que enfatizam aspectos: sintomáticos (como o próprio motivo da consulta), interacionais (o conflito interpessoal que desencadeou a crise), caracterológicos ("uma zona problemática do indivíduo"), além de aspectos próprios da díade terapeuta-cliente e do desenvolvimento da técnica.

Partindo da premissa cuja base teórica assenta-se na formulação gestáltica de que o mundo fenomenal é organizado pelas necessidades do indivíduo, que energizam e organizam o comportamento, vemos que as formulações de Fiorini seguem feito "um rio canalizado", o qual abrange diferentes níveis de um mesmo foco, porque o indivíduo, ainda segundo esse pensamento, executa as atividades que levam à satisfação das necessidades mediante um esquema hierárquico, em que desenvolve e organiza as figuras da experiência conforme certo grau de complexidade. À medida que as enfrenta, há resolução e o consequente desaparecimento, podendo o indivíduo continuar no caminho de sua meta, de seus objetivos de vida.

Temos como foco único, numa situação terapêutica, em seus diversos níveis, a situação trazida por uma paciente em que a "porta de entrada" seja realmente uma série de *sintomas somáticos* desencadeados; num segundo nível, pela *ansiedade* diante de uma situação específica (da qual em muitos casos a pessoa nem se deu conta). Nessa situação específica estão envolvidos aspectos importantes de sua dinâmica intrapsíquica, o que caracteriza outro nível desse mesmo foco, no qual apenas os aspectos firmemente relacionados a ele serão abordados. (Por exemplo, num *role-playing* da relação mãe e filho pode surgir a figura do pai em anteposição. Nesse caso, não é necessário "trabalhar" o pai, mas apenas "apontar-lhe" a presença e deslocá-lo do caminho da meta.)

Por conseguinte, como delimitação do foco, temos a sintomatologia apresentada, a ansiedade que lhe deu origem e o conflito atual que gerou essa ansiedade ou angústia. O conflito atual é a situação vivida pelo sujeito – que, como se verá também no capítulo seguinte, encontra dificuldades para resolver um problema (obstáculo) que a vida lhe coloca.

Esse conflito atual – uma perturbação na relação EU-TU ou EU-ISSO que o indivíduo apresenta – pode ser um "curto-circuito" ligado a uma situação emocional semelhante, vivida no passado e mal elaborada por ele em seu desenvolvimento. Tal situação pretérita constitui outro elemento do foco, agora mergulhando no mundo interno, inconsciente, projetado no presente pelo mecanismo de transferência.

Aqui chegamos ao conflito nuclear, muito provavelmente alguma situação de vivência com figuras parentais em que altas cargas de emoção foram bloqueadas com a geração do que Fonseca Filho (1980) chama de "núcleos-transferências".

O foco pode ser sintetizado no esquema da Figura 1.

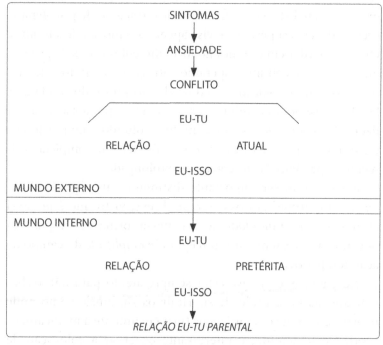

Figura 1. Foco

Nas palavras de Fiorini (1978, p. 32), "a focalização da terapia breve é a sua condição essencial de eficácia". Compreendemos o sentido primordial do trabalho terapêutico breve, abandonando, pelo menos no momento, a sugestão apresentada por Malan de atuar com mais de um foco em terapia breve, pois vejo nisso o risco de perder a essência do processo e criar outra forma alternativa de abordagem, a qual poderia ser aplicada em processos psicoterapêuticos de duração limitada (como o trabalho realizado por estagiários e residentes, por exemplo), mas, a meu ver, foge à precisão do termo "psicoterapia breve" em sua conceituação anteriormente explicitada. O termo "psicoterapia multifocal de tempo determinado" me parece mais apropriado para essas situações.

Com essa perspectiva de avaliação e ação sobre o foco, contrariamos a opinião de muitos psicoterapeutas (principalmente psicanalistas) que afirmam que o trabalho de psicoterapia breve é deveras superficial e visa apenas à remoção de sintomas. Ora, ao abordar em um mesmo foco diferentes níveis de profundidade de um conflito, esperamos atingir o "conflito nuclear", obtendo a sua resolução no seu nível mais profundo, ainda que, ligado a esse ponto conflitivo, existam outros pontos a ser abordados. Essa "ramificação" de conflitos profundos compõe toda a estrutura psíquica da pessoa, e sua abordagem completa realmente é apanágio das psicoterapias prolongadas.

Assim, creio ser importante distinguir entre "profundidade" e "amplitude" em psicoterapia breve, visto que é possível atingir uma *profundidade* nuclear nessa forma de terapia sem que, no entanto, tenhamos uma grande *amplitude* do campo de ação terapêutica.

No entanto, é preciso estar sempre atento para não trabalhar apenas no sentido de suprimir os sintomas, como pode ocorrer com outras abordagens (principalmente a medicamentosa). Nesse sentido, é interessante observar a colocação de Jurandir Freire (1978).

Sintoma é a manifestação visível e sensível de uma estrutura, sendo a estrutura ela mesma. Mais ainda, um sintoma sintetiza um conflito presente e uma história conflitual passada, ele é um resumo, um instantâneo da vida do sujeito... Se a psicoterapia breve consegue fazer que o sintoma desapareça no ato da cura, significa que: 1) sua estratégia foi bem-sucedida, o sintoma foi suprimido e com ele o funcionamento patológico que lhe deu origem; 2) sua estratégia foi malsucedida, o sintoma desapareceu, mas deu lugar a uma "sintomatização" do ego ou do caráter, problemas psicopatológicos bem mais graves. No primeiro caso, quer queira, quer não, o terapeuta agiu sobre a estrutura. Nesse sentido, a psicoterapia obteve um efeito pleno...

DURAÇÃO E PROGNÓSTICO

> Se durante nossa própria vida assistimos a uma deterioração corporal irreversível, a brevidade de nossa existência só faz torná-la mais excitante. Uma flor conhece apenas por uma noite sua plena floração, mas nem por isso sua eclosão nos parece menos suntuosa.
>
> SIGMUND FREUD, *O efêmero*, 1920

AINDA QUE A INTERPRETAÇÃO psicanalítica, como observa Gilliéron (1986), das situações de efemeridade seja apenas reações defensivas inconscientes, perante a perspectiva de luto, não se deve levar em conta as possibilidades de "vivência" do presente, tendo em vista sua finitude, mas deixar por significativos erros de avaliação e aproveitamento do aqui e agora, *hic et nunc,* isto é, as "as marcas" do passado não se apagam totalmente e podem "renascer" em uma situação traumática vivida em um novo momento de vida.

Se assim é na vida, assim poderá ser em nossa psicoterapia, principalmente no que se refere à brevidade de sua duração.

Se, para os autores que trabalham com o referencial psicanalítico, torna-se muitas vezes paradoxal e até mesmo impraticável o trabalho de curta duração, para o psicodrama esse problema parece não existir, pois a teoria na qual se apoia é fundamentalmente existencialista e reconhece as suas proposições.

Como trabalham com a transferência e não com a relação télica (ou empática), os autores psicanalistas ficam perdidos em contradições e acabam por impor, arbitrariamente, um tempo qualquer para a evolução de um processo que chamam de psicoterapia breve. Assim, Perez-Sanchez *et al.* (1987) falam num mínimo de um ano de tratamento; Sifneos (*apud* Gilliéron, 1986) diz ao paciente que o tratamento será interrompido, mas sem esclarecer-lhe quando; J. Mann (*apud* Gilliéron, 1986) dispõe de 12 horas para realizar a psicoterapia, distribuindo-as conforme a natureza da problemática do paciente em 12 sessões de uma hora, 24 sessões de meia hora ou 48 sessões de 15 minutos; Malan, em seu primeiro trabalho sobre psicoterapia breve – publicado em Londres em 1963 –, não explicitava ao paciente a limitação do tempo no início do processo, fato que, como ele mesmo veio a reconhecer depois, foi motivo de dificuldades ao planejar o término da terapia. Mais tarde, ele passou a determinar a data do final do processo e não o número de sessões; Bellak e Small (1980) determinam, precisamente, o número de seis sessões para os seus tratamentos de emergência; Knobel (1986) questiona muito essa problemática, preferindo deixar em aberto o tempo de cada sessão, sua frequência e duração.

Por outro lado, tendo-se o psicodrama e o existencialismo na retaguarda e um correto diagnóstico de uma situação de crise autolimitada vivida pelo paciente, torna-se relativamente simples delimitar o número de sessões para o processo de uma psicoterapia breve resolutiva.

Em minha experiência clínica, passei a adotar o critério de definir sempre com o paciente a data de término depois de uma, duas ou até mesmo três sessões iniciais, em que me detive em

PSICOTERAPIA BREVE

apreciar a problemática apresentada para estabelecer um diagnóstico preciso do quadro reativo ou mesmo de quadro agudo num processo crônico que não procurarei atingir.

Assim, nos casos em que o paciente de fato apresentava uma situação de crise, intensivamente motivado para a psicoterapia, com estruturação de ego satisfatória (avaliada por seu costumeiro desempenho de papéis), o trabalho não ultrapassou dez semanas de evolução, levando em conta, ainda, um pequeno período para a elaboração do ocorrido e o planejamento de novas atitudes perante a vida.

Portanto, em minha proposta de psicoterapia breve, procuro sempre avaliar, de início, a possibilidade de sua aplicação (*indicação*). Só assim me sinto à vontade para estipular a duração limitada de dez semanas para o processo, deixando em aberto a possibilidade de realização de um novo "bloco" de dez sessões ou, então, a indicação de psicoterapia prolongada (o que na minha prática acabou por se restringir, em casos de terapia individual, à sugestão de um trabalho grupal).

Quanto ao prognóstico, respeitando-se, repito, os critérios rigorosos de indicação, é extremamente favorável, sendo reconhecida apenas a realização de entrevistas periódicas de reavaliação.

3 Teoria da crise

INTRODUÇÃO

CABE A ERICH LINDEMANN e Gerald Caplan o mérito pela formulação de uma teoria da crise como estrutura específica. O clássico trabalho em que Lindemann estudou os tipos de reação de luto apresentados por parentes de pessoas tragicamente mortas em um grande incêndio serviu de base para que numerosos estudiosos do tema se pusessem a refletir a esse respeito.

É importante, também, registrar a contribuição de Erik Erikson para o conceito de "crises de desenvolvimento", que envolvem principalmente a infância e a adolescência.

E o que é crise?

Paul Tillich chama-a de "a travessia do inferno", Montaurier de "a passagem pelo fogo".

Jacobson (1979), ao citar G. Caplan, define *crise* como um estado em que a pessoa, colocada diante de um obstáculo para atingir uma importante meta de sua vida, vê-se repentinamente paralisada, pois lhe é impossível transpor tal obstáculo com o uso de métodos costumeiros de resolução de problemas. A um período de desorganização segue-se um período de "transtorno" – a própria crise –, durante o qual os mais diferentes esforços mostram-se insatisfatórios para a solução do problema.

Eventualmente, algum tipo de adaptação pode ser executado, com melhores ou piores resultados para a pessoa. Por outro lado, o *obstáculo* é também definido por Jacobson como algo que ameaça o equilíbrio psicológico previamente existente.

PSICOTERAPIA BREVE

Pode estar relacionado a mudanças no meio ambiente físico (por exemplo, um desastre natural); na esfera socioafetiva (perda de pessoa significativa); na área biológica (uma doença incurável ou de difícil tratamento) ou na esfera evolutiva (adolescência, menopausa etc.). A ansiedade surge não como um obstáculo, mas como resultante da situação de conflito que se instalou. Esse fator é bastante relevante, pois um obstáculo só pode resultar numa crise quando dificultar o acertado manejo da problemática envolvida.

A crise é um fenômeno em si mesmo, de duração limitada, com resultado não predeterminado em seu início. Tal resultado pode ter papel decisivo para o futuro reajustamento e o bem-estar da pessoa.

Se se compreender *crise* como uma reação psicogênica anormal, fenomenologicamente falando vamos encontrar em Jaspers (1977) a seguinte observação:

> [...] o conceito de reação patológica tem uma parte compreensível (vivência e conteúdo), uma parte causal (alteração no extraconsciente) e uma parte de prognóstico (esta alteração é passageira). Ainda que possa ser anulada a momentânea transposição em um estado anormal (em especial depois do desaparecimento dos fatos de perturbação), produzindo-se a cura em seguida, existe sem dúvida uma repercussão graças à estreita ligação de vivência e personalidade, o que leva a um desenvolvimento anormal da personalidade pela repetição e somação das vivências [...].

Jacobson compara a "crise psicológica" a uma crise de pneumonia antes da descoberta dos antibióticos, dizendo que aquela durava alguns dias, no final dos quais o paciente se recuperava ou morria. Com o advento da antibioticoterapia e, analogamente, da psicoterapia, podemos esperar uma melhora mais rápida, segura e com menos riscos de sequelas. Isso porque, no enfrentamento de uma situação de crise, a pessoa pode passar a fazer uso de mecanismos de defesa inadaptados, os quais dão origem a uma organização interna deficiente, fato que leva ao surgimento ou ao agravamento de uma disfunção psicológica.

É extremamente interessante observar que o ideograma chinês que representa a palavra "crise" seja formado pela combinação pictográfica de "perigo" e "oportunidade", dando a noção das duas alternativas possíveis para o momento seguinte à saída da crise: a recuperação total, com a incorporação da experiência e, por conseguinte, um fortalecimento; ou o fracasso e o consequente agravamento do estado psíquico.

Um ponto importante a ser abordado é o que diz respeito ao tipo de crise. Os autores fazem uma apresentação e uma distinção entre dois tipos fundamentais: as crises "acidentais" e as de "desenvolvimento". No primeiro grupo estão as crises desencadeadas por acidentes ou incidentes claros e inequívocos, como a perda, o luto, a mudança do estado civil, alguma "tragédia" coletiva (como guerra ou revoluções), um exame classificatório etc. No segundo grupo estão as que acometem as pessoas em suas diversas fases de desenvolvimento – como a adolescência, a maturidade, a senescência – e podem ser consideradas *situações potencialmente críticas* e não crises propriamente ditas, pois são fases de adaptação, de aprendizagem de novos papéis, de instabilidade pela reformulação, que constituem períodos de grande reflexão e desenvolvimento do ponto de vista positivo.

Caplan (*apud* Lemgruber, 1984) descreveu o processo pelo qual passa um indivíduo que tem de deparar com situações problemáticas (obstáculos), discriminando-o em quatro fases.

1 *Elevação inicial da tensão*, provocada pelo estímulo que coloca em ação a lista de reações habituais da pessoa diante de situações de ameaça.

2 *Aumento progressivo do estado de tensão*, em virtude da ineficácia dessas reações e da manutenção do estímulo.

3 *Mobilização de esforços* e *reservas de energia*, que podem levar à resolução e à volta ao estado inicial de equilíbrio.

PSICOTERAPIA BREVE

4 *Ponto de ruptura*, antecedido pelo estágio de resignação à insatisfação ou ao uso de distorções perspectivas diante da persistência da situação geradora de mudança de estado.

Essas fases podem ser compreendidas como as situações chamadas de "potencialmente críticas" (as três primeiras) e como a "crise propriamente dita" (a quarta), em que há falência global dos mecanismos habituais de adaptação e de defesa do indivíduo.

De acordo com os estudiosos do tema, uma crise simples terminará, de um modo ou de outro, numa média de quatro a seis semanas a contar da data do obstáculo. Uma crise de evolução pode atravessar todo o período correspondente à fase em que o indivíduo se encontra. Já uma crise mista[3] tem um período de duração médio e, se não for abordada de imediato após a sua detecção, tem grande chance de cronificar-se, com o estabelecimento de um quadro neurótico estruturado, pois, segundo a definição de Jacobson, "um estado contínuo de crise seria provavelmente incompatível com a vida".

As consequências (ou os resultados) da crise podem, então, variar num amplo espectro, oscilando da solução do problema – de acordo com a realidade ou de modo fantasioso (adiando, na verdade, a sua resolução) – até as manifestações neuróticas ou mesmo psicóticas que abrangem a possibilidade de suicídio ou a incapacidade física em razão de doenças psicossomáticas graves e limitantes.

Ainda em relação aos *obstáculos*, os estudiosos do tema têm compilado listas de fatores com um potencial maior para desencadear crises para a maioria dos indivíduos. Entre esses acontecimentos podem ser citados: a morte do cônjuge ou do filho, a separação ou o divórcio, a morte de membro da família, a prisão,

---

3. Situação em que, numa fase potencialmente crítica, surge um incidente que desencadeia uma crise (por exemplo, gravidez na adolescência).

o surgimento de uma enfermidade física, a internação hospitalar, o desemprego (a esse respeito há informações na imprensa leiga sobre o aumento substancial de suicídios entre os desempregados em fase de crise econômica grave), a emancipação de adolescentes, o casamento, o nascimento de filhos, a aposentadoria etc.

Há, entretanto, de se pesquisar o real obstáculo, pois muitas vezes, como já se disse aqui, a pessoa nem se dá conta do que realmente se antepõe entre suas necessidades existenciais e sua consequente satisfação.

Alguns fatos considerados comuns, que fazem parte do dia a dia das pessoas, surpreendentemente guardam um enorme potencial traumático. Trata-se daquelas situações que contribuem para exacerbar sentimentos negativos, como a baixa autoestima desencadeada por um histórico prolongado de desemprego ou, ainda, a eventual inatividade e baixa de padrão de vida decorrentes da aposentadoria.

Em 1967, dois especialistas em estresse da Universidade de Washington, Thomas H. Holmes e Richard H. Rahe, criaram uma escala de acontecimentos estressores que vai dos mais graves, como a morte de cônjuge ou filho, a situações banais do dia a dia. Essa pesquisa não contemplou fatos de grande potencial traumático, como os decorrentes de violência urbana, guerras, catástrofes naturais, mas apenas aquilo que de corriqueiro pode ocorrer. De qualquer maneira, os pesquisadores descobriram que o estresse desencadeado por importantes "mudanças de vida" era um fator de previsão de futuras doenças. Eles se preocuparam com a repercussão desses obstáculos (estressores) na geração de problemas físicos, particularmente as doenças somáticas.

Criaram, então, um índice de 43 possíveis agentes estressores, atribuindo a cada um determinado valor quanto à capacidade de provocar um distúrbio em uma escala de 1 a 100.

PSICOTERAPIA BREVE

Quadro 1 – Escala de Holmes e Rahe para avaliação de fatos potencialmente críticos (estressores)

Acontecimentos	Pontos
Morte do cônjuge ou filho	100
Divórcio	73
Ser preso	63
Morte de pessoa querida da família	63
Ferimento ou doença pessoal grave	53
Casamento	50
Demissão do emprego	47
Reconciliação com cônjuge	45
Aposentadoria	45
Doença grave em pessoa da família	45
Gravidez	40
Dificuldades sexuais	39
Chegada de novo membro à família	39
Adaptação a novo emprego ou negócio	39
Alteração da situação financeira	38
Morte de ente querido	37
Mudança para outra área de trabalho	36
Variação na frequência de discussões com o cônjuge	35
Dívidas	31
Mudança de responsabilidade no emprego	29
Filho saindo de casa	29
Dificuldades com os sogros	29
Façanha pessoal incomum	28
Cônjuge começa ou para de trabalhar	26
Início ou término de estudos escolares	26
Alteração nas condições de vida	25
Revisão de hábitos pessoais	24
Dificuldades com o chefe	23

» CONTINUA

»CONTINUAÇÃO	
Mudança nas condições ou nos horários de trabalho	20
Transferência de escola	20
Mudança de tipo de lazer	19
Variação de atividades sociais	18
Alteração nos hábitos de dormir	16
Alteração nos hábitos de comer	15
Férias	13
Natal	12
Transgressões (não graves) da lei	11

Portanto, segundo os autores, se algum desses fatos potencialmente críticos ocorrerem com pessoas já emocionalmente instáveis, ainda que por um breve período, o indivíduo pode desencadear problemas físicos e/ou psicológicos de intensidade variável.

COMPREENSÃO PSICODRAMÁTICA DA CRISE

MORENO (1984), AO APRESENTAR sua conceituação de *self*, procura falar do ser humano livre em sua essência e, como tal, em condições de criar, discernir, optar e executar. Em sua liberdade, o homem desloca-se espontaneamente enfrentando inúmeros obstáculos, sejam os que lhe antepõe a sociedade (pelas conservas culturais), sejam os gerados por si mesmo (por meio das fantasias que lhe assomam o espírito).

Bally (1945) afirma, no entanto, que a "liberdade conhece o espaço dentro do qual é possível". Com essas ideias temos, então, um ser humano livre e criativo – portanto espontâneo – dentro do seu limite de liberdade. É isso que dá significado ao termo "adequado" de Moreno, ao definir o conceito de espontaneidade, o qual permite à pessoa a livre realização de seu Eu, porém dentro das regras de relação.

Rojas-Bermúdez (1978) afirma que o Eu insere a pessoa na estrutura social por meio dos papéis e dos vínculos desenvolvidos, os quais são, de certa forma, protegidos pelo *si mesmo psicológico* (SMP), espaço psicológico fisicamente verificável como uma área pericorporal que nos rodeia e é sentida como coisa própria.

Ainda segundo Rojas-Bermúdez, SMP é um centro receptor das emoções que funciona como um tipo de amplificador de estímulos que mantém o Eu em seu interior por meio das relações estreitas e contínuas. Para o Eu, diz Bermúdez, o "SMP é um avanço no meio e, portanto, toda a informação que lhe fornece adquire um valor particular e preferencial".

Todo tipo de estímulo do meio passa primeiro pelo SMP, nele desencadeando, além da sensação, certo tipo de emoção de alerta. Se esse estímulo for nocivo ou ameaçador ao Eu, haverá a expansão do SMP na tentativa de protegê-lo.

Situações de conflito, como uma crise, reduzem a margem de liberdade do indivíduo, pois provocam a expansão de *si mesmo* e a consequente diminuição da oferta de papéis sociais. Se a carga de emoções for muito grande, o que ocorre nas situações de crise, haverá grande expansão do *si mesmo*, que irá além das possibilidades de conexão dos papéis pouco desenvolvidos. Com isso, o Eu perderá sua capacidade de oferecer respostas sociais na impossibilidade do exercício do papel social encoberto pela expansão do *si mesmo*. Nesse caso, o Eu ficará submerso no estado emocional e será obrigado a recorrer às respostas cunhadas nos papéis psicodramáticos, facilitando o aparecimento de velhas fantasias que se antepõem como obstáculos secundários. De acordo com Fonseca Filho (1980):

> Muitas vezes, em situações em que o nível de ansiedade presente é maior do que aquela personalidade pode suportar, acontece um curto-circuito presente-passado. Busca o passado como refúgio do presente (regressão), mas traz para este cargas pretéritas que não são reais no momento atual. O

presente pode complicar-se na medida em que se acresce de cargas não existentes na situação real.

Para ilustrar esse aspecto, recorro ao diagrama apresentado por Moreno (1978, p. 129) no qual ele acentua o predomínio dos papéis psicodramáticos em relação aos sociais, estabelecendo que a distinção entre ambos surge da ruptura entre fantasia e realidade, afirmando que "os papéis de mãe, filho, filha, professor etc. são denominados papéis sociais separados das personificações de coisas imaginadas, tanto reais como irreais. A estes se dá o nome de papéis psicodramáticos".

No diagrama, mostrado na Figura 2, ouso fazer uma modificação em que, ao tomar como base o modo como os papéis sociais se desenvolvem a partir de papéis psicodramáticos de raízes fortemente ligadas aos papéis psicossomáticos, coloco aqueles em posições anteriores ao surgimento dos papéis sociais.

Assim, compreende-se o indivíduo em desenvolvimento, à medida que os papéis surgem, desenvolvem-se e se integram.

Nessa compreensão, o primeiro "eu parcial" a aparecer é o que surge em reação aos estímulos fisiológicos ou psicossomáticos. São os chamados *papéis psicossomáticos*, que darão as características básicas da pessoa – principalmente em nível sensitivo-corporal – e influenciarão de maneira preponderante a estruturação da personalidade, visto se constituírem ao longo dos dois primeiros anos de existência, período considerado fundamental na formação do caráter – aqui entendido como um dos componentes da personalidade.

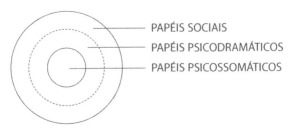

Figura 2. Diagrama de papéis

O desenvolvimento como um todo pode ser compreendido na citação de Bartold (1984):

> No decorrer do desenvolvimento, os papéis psicodramáticos (assim como o fizeram os psicossomáticos) se agrupam formando um "eu parcial" (ou "eu psicológico"), e o mesmo acontece com os papéis sociais. Os "eus", até então, são apenas "eus parciais" e somente mais tarde irão integrar-se em um "EU TOTAL".

Dessa forma, sobre o primeiro "eu parcial" (o psicossomático) vão se adicionando as experimentações dos outros "eus parciais" como num esquema, em círculos concêntricos.

Nos papéis psicodramáticos e psicossomáticos, entendo que estão "inscritas" todas as vivências do ser humano, positivas e negativas. É o espaço psicológico do qual Fonseca Filho fala quando lança mão do conceito de "caixa negra" formulado pelos teóricos da comunicação, mas usado também por Rojas-Bermúdez. Isso pode ser compreendido nas citações de Fonseca Filho (1980).

> Este registro conteria mesmo as vivências não alcançadas pela memória evocativa. Poderíamos usar a expressão "memória organísmica" para dar um sentido mais amplo e profundo a essa capacidade. [...] O registro seria sensível não somente às relações humanas estabelecidas, mas a todas as situações vitais. [...] Quero dizer que o registro não se restringiria somente aos fatos tidos como psicológicos, mas também aos biológicos e sociais, ou à integração deles. Todo acontecimento seria registrado na vertente pessoal da criança.

Assim, voltando à condição de crise, temos o SMP se expandindo, haja vista a existência de um "campo tenso", e dando margem ao afloramento dos papéis psicodramáticos. Como cita Rojas-Bermúdez, na falha de tais mecanismos psicológicos (transferenciais) de resolução, há ainda o outro – e primitivo – nível de resposta: o fisiológico, que origina as manifestações psicossomáticas, que nada mais são do que a representação corporal da angústia.

Os diagramas apresentados na Figura 3 ilustram tais aspectos. Vê-se, então, a pessoa autolimitada, impedida de alcançar seus objetivos – como a própria resolução da crise –, que se encontram para além desse novo limite estabelecido mas, muitas vezes, dentro de sua margem natural de liberdade.

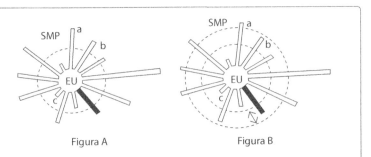

Figura A   Figura B

Na figura A aparece a representação esquemática de um indivíduo que apresenta diversos papéis bem desenvolvidos (a), alguns em desenvolvimento (b) e outros pouco desenvolvidos (c). O núcleo do Eu está protegido pelo limite de si mesmo psicológico (SMP), que permite a execução de papéis cujo desenvolvimento ultrapassa esse limite.

O papel em desenvolvimento assinalado em negrito é o que está sendo solicitado por esse indivíduo em determinada situação. Se o obstáculo a ser enfrentado apresenta características de difícil transposição (numa conjunção de dificuldade real do obstáculo somada a um pequeno desenvolvimento do papel solicitado), poderão surgir a ansiedade (representada na figura B) e a consequente expansão do limite do SMP pelo estado de alarme.

Com isso, o papel deficiente para a resolução da situação perde-se completamente, permitindo o afloramento das reações psicológicas contidas nos papéis psicodramáticos que serviram de base para esse papel social encoberto.

Outra possibilidade de resposta seria a "vicariância de papel", em que a pessoa utilizaria outro papel bem desenvolvido em uma tentativa inadequada de reagir à solicitação do momento.

Figura 3. Campo tenso

PSICOTERAPIA BREVE

É ainda Bally quem afirma que todo obstáculo que obstruiu o caminho direto para a meta – no caso, a resolução da crise – requer certa atenção para vencê-lo, chamando de *titubeio* a detenção quase imperceptível diante de cada obstáculo: "O titubeio significa psicologicamente uma posição alterada no campo, um afastamento repentino da meta", o que, obviamente, desloca a pessoa para um ponto cada vez mais distante de seus objetivos. Em consequência, aumenta o nível de ansiedade dela, o que encerra um desesperador círculo vicioso.

Numa situação de crise temos, portanto, uma pessoa vivendo em elevados níveis de ansiedade ("campo tenso"), em que toda a sua potencialidade, toda a sua plasticidade e disponibilidade, enfim, sua espontaneidade, estão reduzidas e seus papéis desenvolvidos ou em desenvolvimento parecem "embotados" pela expansão do si mesmo. Além disso, há uma "liberação" das fantasias do mundo interno que se constituem em obstáculos secundários. Essas fantasias nada mais são do que estruturas psicodinâmicas formadas ao longo de toda a vida da pessoa, principalmente em suas fases de desenvolvimento; são os "fantasmas" que ficam assombrando nosso inconsciente, prontos para ser liberados em situações de enfraquecimento dos mecanismos habituais de adaptação e defesa do ego, como o que ocorre em uma situação de descompensação.

Em nosso trabalho, deparamos com pessoas em alta ansiedade e nosso primeiro objetivo é anular o campo tenso, favorecendo a redução do si mesmo com a consequente emersão dos papéis embotados e estimulando, também, o desenvolvimento do papel pouco desenvolvido, que é o foco primordial de ação.

E, assim, ao levarmos em conta a enorme necessidade do indivíduo em crise de ter alguém a seu lado, compartilhando de seu sofrimento e auxiliando-o a encontrar a "porta de saída", encontra-se em Moreno o referencial de apoio quando diz: "[...] em todos os casos, a hipótese principal *é que a interação produza resultados terapêuticos*" (grifos meus).

4 Transtorno do estresse pós-traumático[4]

ASPECTOS HISTÓRICOS E CONCEITUAIS

NESTE CAPÍTULO, SERÃO DISCUTIDOS inicialmente dois conceitos que despertam acalorada discussão toda vez que são abordados: estresse e trauma.

Em 1936, Hans Selye, médico endocrinologista e pesquisador austríaco radicado em Montreal, Canadá, empregou pela primeira vez na medicina a palavra "*stress*" para definir qualquer agente ou estímulo, nocivo ou benéfico, capaz de desencadear no organismo mecanismos neuroendócrinos de adaptação (Schott, 1993).

O termo fora originalmente utilizado na física para traduzir o grau de deformidade sofrido por um material quando submetido a esforço ou tensão. De acordo com a etimologia, a palavra "*stress*" apresenta diversas origens, do latim *strictus*, que tem o significado de "estreito, apertado", às palavras do francês antigo "*estresse*", que significa "estreitamento, aperto", e "*destrece*", designando "angústia, preocupação". Em português tem sido proposta a tradução de "*stress*" para "estrição" (ou "estricção"), palavra que já existia antes da descrição da síndrome por Selye e provém do latim *strictus*. Na oitava edição do *Dicionário de termos médicos*, de Pedro Pinto, publicado em 1962, o verbete "estrição" é descrito como pressão interna ou externa que influi em modificações das síndromes de adaptação.

Os principais dicionários brasileiros dão preferência à versão aportuguesada do termo "estresse", definido por Houaiss como

---

4. Este capítulo, com modificações, foi originalmente publicado em 2007 pela Summus Editorial no livro *Transtorno do estresse pós-traumático em vítimas de sequestro*, de minha autoria.

estado gerado pela percepção de estímulos que provocam excitação emocional e, ao perturbarem a homeostasia, levam o organismo a disparar um processo de adaptação caracterizado pelo aumento da secreção de adrenalina, com várias consequências sistêmicas. (Ed. eletrônica, 2009)

Há, no entanto, no meio psiquiátrico, inconsistência na definição desse termo, que ora é usado como agente causador de um transtorno, ora como reação ao agente traumático externo[5]. Como se não bastassem os desafios e problemas da vida cotidiana, como casamento, separação, doenças, cuidado com os filhos, disputas no/por trabalho, conflitos familiares de várias ordens, problemas sociais e econômicos, estamos mergulhados em um mundo cruel e violento, marcado por agentes estressores de toda espécie – de variações climáticas à violência urbana. O contato com cenas e situações de intenso impacto emocional acontece com frequência, se não diretamente, por meio de informações que nos chegam pela internet e pela televisão. A morte, a violência, a destruição, as guerras, os ataques terroristas, populações inteiras devastadas pela miséria e pela desordem político-social de certos países, as assustadoras epidemias, a discórdia, os ambientes competitivos, enfim, conflitos de toda ordem têm tomado uma dimensão extraordinária em nosso dia a dia. Isso faz que se constitua um "estado de alerta" na maioria das pessoas, que se veem ameaçadas e tendem a desenvolver uma série de mecanismos de defesa, reais e psicológicos, contra toda essa agressão.

No entanto, as evidências psiquiátricas estão assinaladas há muito tempo, demonstrando o impacto nocivo desses "agentes estressores" no comportamento humano. Portanto, tem-se a per-

---

5. Na *CID-10* (*Décima revisão do Código Internacional de Doenças*) está descrito, sob o código F 43.0: "Reação aguda ao estresse", como se o agente causador da reação psiquiátrica de ansiedade e angústia fosse o estresse externo, diagnóstico que é equivalente ao que expressa o *DSM-IV* (*Quarta revisão do Manual diagnóstico e estatístico de transtornos mentais*), no código 308.3: "Transtorno de estresse agudo", no qual o estresse é a reação psíquica a um agente traumático externo.

cepção de que o estresse corresponde a uma relação entre o indivíduo e o meio. Trata-se, portanto, de uma agressão e uma reação, de uma interação entre a agressão e a reação, como propôs Selye em sua obra publicada em 1950, *The physiology and pathology of exposure to stress* (apud Morton, 1983). Selye deixa claro também que o estresse fisiológico é uma adaptação normal, mas ressalta o fato de que indivíduos mal adaptados (pessoas cujo desenvolvimento psicossocial é marcado por crenças e esquemas disfuncionais, isto é, não adaptados à realidade) podem apresentar reações patológicas que ocasionam uma disfunção, agravando alguns distúrbios preexistentes ou desencadeando outros para os quais a pessoa seja geneticamente predisposta.

Em pronunciamento de 1988, realizado em um congresso em Munique, Selye (apud Bernik, 1997) afirma que "o estresse é o resultado de o homem criar uma civilização que ele, o próprio homem, não mais consegue suportar". Devido às inúmeras situações adversas que o homem contemporâneo é obrigado a enfrentar, Bernik (1997) caracteriza o estresse como "a doença do terceiro milênio"[6].

Um dos primeiros artigos sobre trauma publicados na literatura médica foi o do cirurgião inglês John Eric Erichsen, em 1866, que atentou para o fato de que anormalidades psicológicas poderiam ser atribuídas a acidentes ferroviários, uma vez que, em seguida, os pacientes passavam a apresentar sintomas de fadiga, ansiedade, déficit de memória, irritabilidade, pesadelos, distúrbios do sono, zumbido no ouvido e dores nas pernas e nos braços. Ele atribuiu tais sintomas a "microtraumas" na medula espinal e criou o conceito de "railroad spine syndrome" ["síndrome espinal da ferrovia"]. Vários outros cirurgiões discordaram desse conceito,

---

6. Para uma ideia mais ampla dos "pequenos traumas" de nosso dia a dia, sugiro a leitura do artigo "O trauma do cotidiano", de Aloysio D'Abreu, apresentado no 44.º Congresso Internacional de Psicanálise, realizado no Rio de Janeiro em julho de 2005. Disponível em: <http://www.abp.org.br/aloysio_ipa.ppt>. Acesso em: jul. 2007.

mas Oppenheim, em sua monografia de 1889, cunhou o termo "neuroses traumáticas" e atribuiu tal quadro a lesões cerebrais. O termo "trauma", que até então havia sido utilizado exclusivamente na cirurgia, é assim introduzido na psiquiatria.

Enquanto isso, uma linha diferente de pesquisa era desenvolvida na França por Jean-Martin Charcot (*apud* Lamprecht e Sack, 2002) e dois de seus principais discípulos: Pierre Janet e Sigmund Freud. Depois de seu estágio com Charcot em Paris (entre outubro de 1885 e março de 1886, num total de 19 semanas), Freud volta para Viena encantado com a ideia de que pudesse haver um local na mente (o inconsciente) que registraria experiências desagradáveis (os traumas) que desencadeariam as neuroses, principalmente a histeria. Em 1920, no artigo "Além do princípio do prazer", Freud já afirmava:

> Descrevemos como "traumáticas" quaisquer excitações provindas de fora que sejam suficientemente poderosas para atravessar o escudo protetor. Parece-me que o conceito de trauma implica necessariamente uma conexão desse tipo com uma ruptura numa barreira sob outros aspectos eficaz contra os estímulos. Um acontecimento como um trauma externo está destinado a provocar um distúrbio em grande escala no funcionamento da energia do organismo e a colocar em movimento todas as medidas defensivas possíveis.

Na apresentação do conceito de trauma não se pode deixar de mencionar Sándor Ferenczi, que destaca a intensidade física e psíquica do fato traumático, bem como o estrago que este provoca no eu do sujeito, endossando a ideia de neurose traumática e privilegiando o *desmentido* (a negação pelo adulto do que aconteceu com a criança) como poderosa força traumática. Donald Woods Winnicott, por sua vez, afirma que o trauma surge como fator etiológico ligado a diferentes momentos do desenvolvimento e a falhas do ambiente (entendendo-se por ambiente o bebê e sua mãe).

Para uma conceituação clara e precisa desse termo, portanto, é preferível chamar de *agentes estressores* as situações que caracterizam o trauma e de *estresse* a reação do organismo físico e/ou psíquico ao evento traumático.

Mesmo antes de a psiquiatria tomar o rumo classificatório desenvolvido pela American Psychiatric Association (APA), a psiquiatria fenomenológica já assinalava os distúrbios psicológicos ou psiquiátricos originados por acontecimentos reais (chamando-os de "reações patológicas"), como afirmava Jaspers (1977, p. 447):

> O conceito de reação patológica tem uma parte compreensível (vivência e conteúdo), uma parte causal (alteração no extraconsciente) e uma parte de prognóstico (esta alteração é passageira). Ainda que possa ser anulada a momentânea transposição em um estado anormal (em especial depois do desaparecimento dos fatos de perturbação), produzindo-se a cura em seguida, existe sem dúvida uma repercussão graças à estreita ligação da vivência e personalidade pela repetição e somação das vivências [...]

Paralelamente ao estudo de situações de crise – que hoje são diagnosticadas como "reações de ajustamento" –, os trabalhos científicos provenientes da Guerra Civil Americana (1861--1865), da Primeira Guerra Mundial (1914-1918), da Guerra Civil Espanhola (1936-1939), os acontecimentos que antecederam a Segunda Guerra Mundial e vários outros conflitos bélicos de ampla repercussão que ocorreram no século XIX e início do século XX passaram a assinalar uma série de sintomas psiquiátricos que, se observados em conjunto, apareciam com frequência nos ex-combatentes[7]. Essas reações, aparentemente inexplicáveis, caracterizavam-se por irritabilidade crônica, reações de sobressalto, agressões explosivas e atitudes estranhas que

---

[7]. Exemplos desses trabalhos são os livros de Juan José López Ibor (*Neurosis de guerra*, 1942) e Abram Kardiner (*The traumatic neurosis of war*, 1942, *apud* Kaplan, Sadock e Grebb, 1997).

levavam os estudiosos a observar que as pessoas afetadas atuavam como se a situação de guerra ainda não tivesse terminado. Um texto de 1871 de Jacob Da Costa, *On irritable heart* (*apud* Kaplan, 1997), descrevia sintomas cardíacos autonômicos encontrados entre os soldados da Guerra Civil Americana. Na Primeira Guerra Mundial, a síndrome foi chamada de "choque de granada" (chegou-se a especular que se tratava de um transtorno neurológico causado pela explosão de bombas).

Na Europa, após a Primeira Guerra Mundial, surgiu uma acalorada discussão sobre os fenômenos que acometiam ex-combatentes. De um lado, os neurologistas alemães, liderados por Oppenhein, defendiam que as neuroses de guerra tinham um substrato anatômico. De outro, Freud encarava tais quadros não como uma enfermidade autêntica, mas como um artefato sintomático apresentado pelas pessoas para se livrar dos perigos e torturas da guerra. A discussão se amplia entre ambas as vertentes, e a nosografia se torna inesgotável: neurose (orgânica), neurastenia (aguda), psicogênese, histeria, psicopatia (astênica), esgotamento nervoso, psicastenia, transtorno funcional etc.

Enquanto a discussão ocorria na Europa, os Estados Unidos voltavam seus olhos para os veteranos da Segunda Guerra Mundial, os sobreviventes dos bombardeios atômicos no Japão e dos campos de concentração nazistas que apresentavam sintomas similares, ocasionalmente chamados de neurose de combate ou fadiga operacional. No início do século XX, a psicanálise exercia uma influência vigorosa e o diagnóstico de neurose traumática foi amplamente empregado para essas condições. É provável que a neurose traumática envolvesse a reativação de conflitos anteriores não resolvidos que afloravam com o "relaxamento" dos mecanismos de defesa.

Freud, por outra linha de pensamento que não a da "fuga" da situação belicosa, publica um artigo (com base em um texto original de 1919) em que afirma que, nas neuroses traumáticas, o conflito ocorre entre o "ego pacífico" e o novo "ego guerreiro", tornando-se agudo logo que o "ego pacífico" percebe o perigo que corre de perder a vida. Freud enfatiza, ainda, a importância decisiva da intensidade dos estressores traumáticos, a ausência de "descargas" apropriadas para aliviar o ego das tensões e, complementando esse quadro, o despreparo dos indivíduos para enfrentar tais situações[8]. Em alguns dos pacientes que sofreram sequestro tratados no Serviço de Psicoterapia do Instituto de Psiquiatria do HC-FMUSP, no Grupo Operativo de Resgate da Integridade Psíquica (Gorip), observamos que, no transcorrer da psicoterapia breve (Ferreira-Santos, 1997b e 1999) a que são submetidos, muitas vezes o tema central – a violência urbana – perde espaço para queixas sobre os relacionamentos afetivos, nos quais eles se sentem como que sequestrados por seus parceiros. Tal tema é bastante explorado por Cuschnir (2004, p. 96 e seg.):

> Muitas pessoas vivem em uma situação desesperadora. Sentem-se mal e verificam que a vida está piorando, nada dá certo, o emprego é ruim, a vida sexual está péssima e o lado financeiro também. A energia está sendo contida, reprimida, desviada ou distorcida em consequência do relacionamento afetivo que têm [...] Podemos dizer que o afeto é muito bom, mas sem exageros, invasões ou sequestros. Senão ele traz mesmo a dependência e a pessoa pode se tornar um verdadeiro sequestrado emocional.

A expressão "sequestro do ego" foi mencionada pela primeira vez em 1922, por Sándor Ferenczi, em artigo cujo tema não era o trauma em si, mas uma patologia cerebral: a reação emocional às perdas causadas pela paralisia geral progressiva. Em 1918, o dr. Ernst Simmel, diretor de um hospital para neuróticos de guerra, publicou um trabalho no qual relatava os resultados extraordinariamente favoráveis nos casos graves de neurose de

---

8. Freud afirmava que a precondição para as neuroses de guerra é exclusiva de soldados "convocados". Segundo ele, não haveria possibilidade de ocorrer em soldados profissionais ou mercenários devido à sua preparação anterior para a luta.

PSICOTERAPIA BREVE

guerra tratados pela psicanálise freudiana[9]. Abram Kardiner estudou esse tema de uma perspectiva integradora e com base na Segunda Guerra Mundial. Ele publicou, em 1941, o livro *As neuroses traumáticas de guerra*, no qual analisa questões como a hipervigilância e a sensibilidade das vítimas diante de ameaças ambientais. Essa obra passou a ser considerada a precursora da definição do que posteriormente seria chamado de transtorno do estresse pós-traumático (Schestatsky *et al*, 2003). A partir de então, vários estudos descreveram quadros clínicos semelhantes, nomeando-os de acordo com o agente estressor: "síndrome do campo de concentração", "trauma do estupro", "trauma da mulher espancada", "trauma da criança sexualmente abusada", além daqueles já citados.

Tal gama de diagnósticos confusos e contraditórios, com as inúmeras nomenclaturas nosológicas desenvolvidas durante toda a história da medicina e distintas, em sua ênfase relativa, quanto à fenomenologia, à etiologia e ao curso dos processos mentais como características de definição, exercia um efeito nefasto não só na classificação dos quadros psiquiátricos como também na metodologia de ação para sua solução. Alguns sistemas incluíam apenas um punhado de categorias diagnósticas; outros, milhares. Enfim, não havia um consenso que pudesse facilitar a classificação dos transtornos mentais – nem para seu tratamento nem para fins de estudos clínicos e estatísticos.

Depois de várias tentativas de oficializar uma classificação clara e única para os transtornos mentais, foi desenvolvida pelo exército norte-americano (e modificada pela Associação dos

---

9. Criado por Max Eitingon, Karl Abraham e Ernst Simmel no âmbito da policlínica chamada de Instituto Psicanalítico de Berlim, tornou-se uma referência para o movimento psicanalítico internacional e serviu de parâmetro para todos os outros institutos posteriormente fundados na esfera de influência da Associação Psicanalítica Internacional (IPA). A policlínica a ele associada tinha como finalidade tornar acessível o tratamento psicanalítico ao maior número possível de pessoas e, assim como o Instituto, transformou-se em modelo para as demais clínicas das sociedades psicanalíticas filiadas à IPA.

Veteranos) uma nomenclatura com a finalidade de melhor incorporar as apresentações ambulatoriais dos homens em combate e dos veteranos da Segunda Guerra Mundial. A essa altura, a Organização Mundial da Saúde (OMS) publicou a sexta edição da *Classificação internacional de doenças* – *CID-6*, que pela primeira vez incluía uma seção para os transtornos mentais, intensamente influenciada pela nomenclatura da Associação de Veteranos. Em 1952, o Comitê de Nomenclatura e Estatística da Associação Psiquiátrica Americana desenvolveu uma variação do *CID-6*: a primeira edição do *Manual diagnóstico e estatístico de transtornos mentais* – *DSM-I*.

Em 1970, dois psiquiatras americanos, Chaim Shatan e Robert J. Lifton (*apud* Schestatsky *et al.*, 2003), passaram a promover encontros, em Nova York, de grupos formados por veteranos da Guerra do Vietnã. Tais encontros se espalharam por todas as instituições americanas que trabalhavam com esses veteranos, já que muitos deles apresentavam sinais da chamada "neurose de guerra". Shatan e Lifton começaram, então, a fazer um amplo levantamento da literatura sobre sobreviventes do Holocausto, vítimas de acidentes e queimaduras – enfim, sobre sobreviventes e parentes de vítimas de episódios catastróficos. Ambos os psiquiatras conseguiram listar uma série de 27 sintomas mais comuns de "neuroses traumáticas", os quais compararam com 700 pacientes veteranos do Vietnã. Tal estudo acabou se constituindo no embrião dos critérios adotados pelo *DSM-III* para incluir o diagnóstico de transtorno do estresse pós-traumático (TEPT).

Após várias revisões, tanto na *CID* quanto no *DSM*, chegou-se finalmente à publicação do *DSM-III*, em 1980, com a introdução do diagnóstico de transtorno do estresse pós-traumático. Vários grupos politicamente organizados, formados por vítimas de agentes estressores de alto impacto, influenciaram de modo decisivo a inclusão desse diagnóstico. Colhendo dados dos sobreviventes do incêndio no Cocoanut Grove (clube noturno de Boston, algo semelhante ao que ocorreu na Boate Kiss em Santa

PSICOTERAPIA BREVE

Maria, no Rio Grande do Sul, em janeiro de 2013, sensibilizando todo o país, mas com quase o dobro de mortos: 492 pessoas nesse incêndio), em 1941, que apresentavam crescente nervosismo, fadiga e pesadelos, e observando a morbidade psiquiátrica associada aos Veteranos da Guerra do Vietnã, enfim trouxe consistência ao conceito de transtorno do estresse pós-traumático, definindo-o tal como é conhecido hoje. Em todas essas situações traumáticas, o surgimento do transtorno estava correlacionado com a severidade do estressor, resultando acontecimentos mais severos no aparecimento da síndrome em mais de 75% das vítimas.

A experiência com o *DSM-III* revelou diversas inconsistências no sistema, o que levou a Associação Psiquiátrica Americana (APA) a escolher um grupo de trabalho que desenvolveria um trabalho de revisão do manual, formulando o *DSM-III-R* em 1987. Estudos citados por Herman (1992), utilizando os critérios do *DSM-III-R*, encontraram na população norte-americana uma prevalência de TEPT, ao longo da vida, de 11% para mulheres e 5,5% para homens, além de mostrar que 61% dos homens e 51% das mulheres já haviam relatado pelo menos um fato traumático ocorrido em sua história de vida. Fazendo uma análise ponderada desses números, nota-se que 3,4% dos homens e 5,6% das mulheres que passaram por um trauma desenvolvem o TEPT. Tais dados, ainda que divirjam veementemente de autor para autor, coincidem em diversas publicações e são de grande importância quando comparados com os resultados obtidos entre as vítimas de sequestro avaliadas nesse estudo.

Também merecem consideração outros estudos que mostram que vítimas de crimes têm grande probabilidade de apresentar o TEPT quando há séria ameaça à vida[10]. Kilpatrick *et al.*, em 1987, verificaram que as vítimas de violação têm 57% de

---

10. Para os critérios diagnósticos atuais de TEPT, a séria ameaça à vida ou à integridade física da pessoa é um dos elementos essenciais para diagnosticar o transtorno.

probabilidade de desenvolver o TEPT. Resnick *et al.*, em 1993, encontraram um valor de 76%, enquanto Rothbaum *et al.*, em 1992, chegaram a assinalar uma porcentagem de 94% em vítimas de estupro logo depois do ocorrido.

Essa revisão representou um grande avanço no diagnóstico dos transtornos mentais e facilitou imensamente as pesquisas empíricas. O desenvolvimento do *DSM-IV*, gerado em parte pelo *DSM-III* e pelo *DSM-III-R*, consolidou os dados até então obtidos, sendo por ora o manual em vigor para a classificação dos transtornos mentais. Há, porém, outro grupo de trabalho que está preparando o *DSM-IV-TR*, cuja versão inicial foi publicada por First, Frances e Pincus em 2004, com ênfase no diagnóstico diferencial dos diferentes transtornos. O diagnóstico do TEPT vem acompanhando toda essa evolução e, a cada novo artigo, a cada nova apresentação, expõe características inovadoras em sua formulação, como ressaltam Kapczinski e Margis (2003).

O TEPT é definido pelo *DSM-IV* como o desenvolvimento de sintomas característicos após exposição a um extremo estressor traumático, relacionado à experiência pessoal direta de um fato ameaçador real que envolva morte, ferimento grave ou outra ameaça à integridade física (Critério A), o que ocorre bastante no caso do sequestro. A pessoa envolvida diretamente no acontecimento é chamada de "vítima primária", e aqueles que participam de forma indireta (amigos, familiares, testemunhas) podem também desenvolver o transtorno e são chamados de "vítimas secundárias". Nos casos de sequestro, em especial aqueles em que a pessoa permanece em cativeiro e seus familiares são obrigados a "negociar" o resgate exigido, é muito comum o aparecimento dos sintomas apresentados no quadro 2, já havendo um movimento para considerá-las, também, "vítimas primárias" do acontecimento traumático.

Os sintomas característicos citados pelo *DSM-IV* consistem também na revivência persistente do fato traumático (Critério B); na esquiva constante de estímulos associados ao trauma e no embotamento da responsividade geral (Critério C); e nos sinto-

PSICOTERAPIA BREVE

mas persistentes de excitação mental (Critério D). O quadro sintomático completo deve estar presente por mais de um mês (Critério E), e a perturbação deve causar sofrimento ou prejuízo clinicamente significativo no funcionamento social, ocupacional e/ou em outras áreas importantes da vida da pessoa (Critério F).

Quadro 2 – Principais sinais e sintomas do TEPT

Sintomas de revivência

» **Lembranças intrusivas:** são aquelas que insistem em invadir a mente, mesmo nos períodos de relaxamento (por exemplo, a imagem do assaltante). Por mais que se esforce, a pessoa não consegue se livrar delas.

» **Pesadelos:** acontecimentos traumáticos surgem em sonhos recorrentes.

» *Flashbacks* **dissociativos:** a vítima revive a situação traumática, com todas as sensações que experimentou quando sofreu a violência.

» **Reatividade fisiológica:** quando o organismo tem alguma reação diante da lembrança de um fato traumático.

Sintomas de entorpecimento

» Esforço para evitar pensamentos e sentimentos ligados ao trauma.

» Tentativa de manter distância de atividades, locais ou pessoas associados ao trauma.

» Incapacidade de recordar toda a cena de violência. Alguns momentos são apagados da memória.

» Redução de interesse em atividades cotidianas, como trabalhar ou sair com amigos.

» Sensação de distanciamento das pessoas em geral.

» Restrição da capacidade de sentir afeto.

» Sentimento de futuro abreviado. A pessoa que sofreu séria ameaça à vida acha que pode morrer a qualquer momento. Por isso, não faz mais planos de longo prazo, como viajar ou ter filhos.

Sintomas de hiperestimulação

» Insônia persistente.

» Irritabilidade em várias horas do dia.

» Dificuldade de concentração.

» Hipervigilância – a pessoa fica alerta mesmo em períodos de relaxamento.

» Sobressalto exagerado. Reação exacerbada diante de estímulos, como uma porta que bate com barulho.

FONTE: American Psychiatric Association (APA).

Os seguintes especificadores podem ser usados para definir o início e a duração dos sintomas do TEPT:

- **Agudo:** quando a duração dos sintomas é inferior a três meses.
- **Crônico:** quando os sintomas duram três meses ou mais.
- **Com início tardio:** quando pelo menos seis meses decorreram entre o fator traumático e o início dos sintomas.

E, também, costuma-se graduar, devido à severidade do quadro apresentado, em:

- Leve.
- Médio.
- Severo.

Como diagnóstico diferencial, devemos levar em conta principalmente:

- **Transtorno de ajustamento,** cuja origem se deve a fatores que não têm a gravidade de ameaça real ou imaginária à integridade física da pessoa (critério fundamental na definição do TEPT) e sim à sua integridade moral, social ou simplesmente psicológica.
- **Transtorno de estresse agudo:** se os sintomas tiverem início antes de completadas quatro semanas do acontecimento estressor e resolverem-se dentro desse período.
- Transtorno obsessivo compulsivo, esquizofrenia, transtornos de humor ou outros transtornos que não tenham correlação direta com o evento traumático ou cujo início seja anterior ao fato devem ser excluídos.

Segundo Calhoun e Resick (1999), o diagnóstico de transtorno de estresse agudo foi há pouco introduzido no *DSM-IV* para ser aplicado às reações graves, de curta duração (menos de quatro semanas) e imediatas ao trauma. Os critérios focalizam dois tipos de

PSICOTERAPIA BREVE

sintoma: as reações dissociativas e as emocionais, que ocorrem durante ou imediatamente após o fato traumático e cuja duração não excede a um ou dois meses. Há também a questão da simulação (Meleiro e Santos, 2003), quadro bastante frequente na psiquiatria forense e já aventado por Freud no estudo de "neuróticos de guerra". Por não ser necessariamente um transtorno devido ao sequestro, mas ter por objetivo a obtenção pessoal de benefícios em geral financeiros e/ou previdenciários, a simulação não será aqui considerada.

Em seu já citado trabalho de 1967, Holmes e Rahe (apud Crompton, 2003) elencam 41 fatos do cotidiano. Enumerando episódios que vão de "férias" a "morte de cônjuge", os autores atribuem, em uma ampla pesquisa de impacto de evento, escores de significância no desencadeamento de problemas de ajustamento. O transtorno do estresse pós-traumático ainda não é citado, uma vez que o surgimento desse diagnóstico é bem posterior ao trabalho mencionado. Savoia (1999), comentando a Escala de Holmes e Rahe, observa que

qualquer mudança na vida de uma pessoa gera um certo nível de estresse e seus efeitos no desempenho podem ser positivos em uma relação direta – à medida que o estresse aumenta, o desempenho melhora – o chamado "estresse". Por outro lado, aumentos excessivos podem ameaçar a capacidade de uma pessoa fazer perante seu ambiente o chamado "distress".

Convém observar que nem toda situação pode ser considerada um trauma (aceitando como um fato prejudicial). Dependendo de certas circunstâncias, apesar de causar uma "mobilização psíquica", isto pode ser um fator positivo para o crescimento pessoal.

As publicações que mais se ocupam do estudo sobre o TEPT são as que têm a terapia cognitivo-comportamental (TCC) como alicerce teórico, abordando e desenvolvendo amplamente as observações sobre o delito de estupro como um dos principais traumas geradores do transtorno. São elas: Schiraldi (1999), Rangé et al. (2001), Knap e Caminha (2003), White e Freeman (2003), Dattilio et al. (2004). Na literatura internacional, encontra-se uma citação do sequestro como

EDUARDO FERREIRA-SANTOS

agente do TEPT: o excelente trabalho de Leonore Terr (1981), que apresenta o sequestro como estímulo estressor responsável por um grau máximo (100%) no desencadeamento do TEPT. O importante estudo de Terr discute as observações sobre as consequências de um sequestro de 26 crianças em um ônibus escolar, em 15 de julho de 1976, em Chowchilla, pequena localidade da Califórnia. O primeiro artigo, publicado em 1981, foi seguido de outro, em 1983. O segundo estudo fora realizado quatro anos após o fato, focando as severas sequelas que acometeram as crianças, os familiares e os membros da comunidade, mesmo depois do tratamento com psicoterapia breve que durou de cinco a 13 meses. O acontecimento foi tão grave que faz parte da história do condado de Madera, onde se localiza Chowchilla. Foi erguido, inclusive, em frente à prefeitura da cidade, um monumento de granito em homenagem às vítimas.

Além do minucioso estudo de Terr, é encontrado na literatura o já citado artigo de Favaro *et al.* (2000), em que são avaliadas as correlações entre o TEPT e a síndrome de Estocolmo. Utilizando-se apenas do *CID* e da Escala de Eventos Dissociativos, o trabalho conclui que não há relação entre os dois distúrbios, mas reforça os sintomas de revivência, entorpecimento e hiperestimulação descritos pelo *DSM-IV*. Cunha (2004) apresentou à Faculdade de Psicologia da USP uma monografia de conclusão de curso baseada no trabalho do Gorip, no IPq-HC-FMUSP, sobre vítimas de sequestro.

A literatura, principalmente a norte-americana, apresenta uma série de outros artigos que, utilizando diversas metodologias e populações, demonstram a porcentagem de transtorno do estresse pós-traumático, bem como os estímulos estressantes que o desencadearam. Ao realizar um estudo com crianças e jovens no qual compararam os efeitos estressantes causados por injúrias feitas por parentes e estranhos, Boney-McCoy e Finkelhor (1996) relataram que o sequestro é uma das formas de injúria mais praticadas por estranhos, sendo também a mais frequentemente associada com medo de morte, assumindo magnitude maior do que abuso sexual e violência parental. Robert Pynoos, grande

PSICOTERAPIA BREVE

pesquisador de TEPT na infância e adolescência, publicou um artigo em 1988 no qual demonstra que 93% das testemunhas de ataques de franco-atiradores desenvolvem o TEPT.

Korol, Green e Gleser (1999), em um estudo com 120 crianças entre 7 e 15 anos de idade e seus familiares, demonstram que 88% das vítimas de desastre nuclear também desenvolveram TEPT, provando que o estado psíquico dos pais é um fator preponderante no desencadeamento do transtorno dos filhos. Dan Savin e Shalom Robinson (1997) fizeram um estudo que analisava especificamente um grupo de refugiados cambojanos. O levantamento apontou o aparecimento do TEPT em 71% dos sobreviventes de guerra com genocídio (Holocausto e Camboja). Na mesma linha, Shaw, Applegate e Tanner (1995) estudaram os efeitos do furacão Andrew, descobrindo que 70% dos sobreviventes desenvolveram os sintomas do TEPT.

Sack, Clarke e Seeley (1995) observaram que 50% de membros da segunda geração de refugiados da Guerra do Camboja ainda apresentavam sintomas do transtorno. McLeer *et al.* (1994) demonstraram a ocorrência de distúrbios psiquiátricos no campo dos transtornos de ansiedade em 48% de crianças que sofreram abuso sexual. March *et al.* (1997) notaram a presença de sintomas de TEPT em 12% de crianças e adolescentes após um incêndio de grandes proporções ocorrido em Hamlet, Carolina do Norte. Reinherz *et al.* (1995) observaram que 25% dos adolescentes mais velhos vítimas da violência de rua também apresentavam sintomas do TEPT.

A Dra. Laura Ann McCloskey, da Escola de Saúde Pública da Universidade de Harvard, e Marla Walker publicaram um trabalho, em 1999, no qual entrevistaram 337 crianças, com idade entre 6 e 12 anos, que haviam sofrido violência doméstica e verificaram que 24,6% delas apresentavam sintomas do TEPT em comparação com 167 crianças que não sofreram injúrias familiares mas, mesmo assim, apresentavam algum tipo de sintoma do TEPT. Najarian *et al.* (1996) relataram que 32% das pessoas estudadas na Armênia após um terremoto, em 1996, apresentavam sintomas do transtorno. Sheldon J. Kaplan (2002) afirma que os efeitos de um trauma e a consequente ocorrência do transtorno do estresse pós-traumático são muito diferentes em adultos e crianças. Ele estima que cerca de 15% dos adultos que sofreram estímulos estressores apresentam muitos dos sintomas do TEPT, mas não preenchem o critério completo exigido pelo *DSM-IV*. Citando como fonte os arquivos do National Center for Post Traumatic Stress Disorder, do Department of Veterans Affairs, Kaplan estima que de 15% a 43% das meninas e de 14% a 43% dos meninos sofreram ao menos um fato traumático. Destes, apenas 3% a 15% das meninas e 1% a 6% dos meninos preencheram todos os quesitos de TEPT do *DSM-IV*.

Há quem afirme que a gravidade e a intensidade dos sintomas do TEPT em crianças estão diretamente associadas à influência parental, como observam Speed (1999) e Weime *et al.* (1998). Tal argumento amplia bastante o estudo das implicações do TEPT em vítimas primárias e secundárias de um trauma severo. Em adultos, a maioria dos estudos diz respeito ao trauma de guerra,

Quadro 3 – Estudos sobre o TEPT

Estímulos estressantes e porcentagem de transtorno por estresse pós-traumático			
AUTOR	**ANO**	**ACONTECIMENTO**	**%**
Terr	1981	Sequestro	100
Pynoos	1988	Ataque de franco-atirador	93
McLeer	1988	Abuso sexual	48
Reinherz	1994	Agressão física	25
Shaw	1995	Furacão	70
Najarian	1995	Terremoto	32
Savin	1997	Guerra	71
March	1997	Incêndio	12
Korol	1997	Desastre nuclear	88
Sack	1999	Guerra	50
McCloskey	2000	Violência doméstica	24

FONTE: Ballone, 2002.

PSICOTERAPIA BREVE

como afirma Shephard (2001) ao relatar os efeitos a que estão submetidos os combatentes e as populações que habitam locais de "frente de batalha".

O estudo do TEPT – passadas as exaustivas e ainda não muito bem concluídas pesquisas sobre a depressão e o transtorno afetivo bipolar – parece ter se tornado a "coqueluche" em pauta (ou "em tela", para se adequar aos cibernéticos tempos modernos), devido à verdadeira convulsão em que vive o mundo hoje em dia. Garcia-Pablos *et al.* (2000), assim como vários outros autores, tentam estabelecer critérios bem delimitados para o TEPT. Por fim, devido a tantas controvérsias, definições e redefinições do TEPT, ainda há espaço para sua conceituação definitiva, como afirmam os autores portugueses Pereira e Monteiro – Ferreira (2003, p. 260):

> Em suma, a investigação futura tem pela frente um desafio enorme em termos da própria definição do construto de PTSD [Post-Traumatic Stress Disorder – Distúrbio do Estresse Pós-Traumático], o que implica a necessidade urgente de um maior conhecimento de forma a poder redefinir o que realmente causa a perturbação. Nesta linha de pensamento, é preciso que a investigação inclua no seu cerne as questões da natureza humana, em particular da resiliência ao stress, a necessidade ou não de os estressores necessitarem de ser "extremos" e o papel da cultura ao definir o que é socialmente aceito como uma "perturbação".

Ou seja, depois de tantos anos de pesquisa e intervenção ainda não conhecemos com muita clareza quais são, de um lado, os verdadeiros fatores estressores "universais", ou seja, aquilo que de fato rompe com a estrutura psíquica do ser humano, e, de outro, que características pessoais permitem essa ruptura. Estudos epidemiológicos têm sido realizados em todo o mundo, mas ainda não há um consenso sobre a incidência de TEPT devido a determinado estressor em uma população em especial.

A exemplo do termo "estresse", outro conceito deslocado da

física é o de "resiliência", que nomeia a propriedade que alguns materiais têm de acumular energia, quando exigidos e estressados, e depois voltar ao estado original sem qualquer deformação. Assim, vem contando pontos como competência humana a habilidade do elástico, ou da vara do salto em altura – aquela que enverga no limite máximo sem quebrar, volta com tudo e lança o atleta para o alto.

Poderia ser explicado assim o fato de algumas pessoas – por motivos ainda não muito bem elucidados, como traços de personalidade, fase da vida, história particular de desenvolvimento psicológico –, mesmo quando expostas ao agente traumático, apresentarem apenas algumas alterações iniciais em seu estado psíquico, desenvolvendo um quadro de transtorno do estresse agudo (que se resolve de modo espontâneo em pouco mais de um mês após o acontecimento) ou simplesmente não apresentando nenhuma reação de estresse. Cabe ressaltar, no entanto, que o TEPT pode vir a se manifestar até mesmo cinco anos (ou mais, segundo constatamos) depois do acontecimento traumático, nem sempre preenchendo todos os requisitos definidos pelo *DSM-IV*, mas com sintomatologia de outros transtornos de ansiedade. Nesses casos, devido ao distanciamento cronológico do incidente, a pessoa não associa de imediato os sintomas à situação do sequestro.

Por outro lado, a resiliência pode explicar por que, para algumas pessoas, o fato traumático resulta em crescimento pessoal e reformulação positiva do modo de vida.

ASPECTOS NEUROBIOLÓGICOS

AO FINAL DA CHAMADA "década do cérebro" (anos 1990), a psiquiatria foi inundada por conceitos neurocientíficos que, comparados aos postulados considerados meramente especulativos das teorias psicodinâmicas, proporcionaram-lhe maior prestígio e aceitabilidade por parte da comunidade científica. Aproximações

PSICOTERAPIA BREVE

neuropsicológicas que complementam a semiologia clínica psiquiátrica tradicional têm representado promessas de precisão diagnóstica, prognóstica e forense. À medida que progridem os estudos nessa esfera, os métodos quantitativos (como testes e escalas psicológicas, além de achados na área da neuroimagem) ganham mais confiabilidade no campo da Justiça; e as avaliações subjetivas, consideradas por muitos meramente teóricas, passam a ser (de certo modo) desprezadas. Segundo Fridman *et al.* (2001), essas novas investigações trarão dados mais completos e confiáveis para a análise judiciária:

> Se é adequado um procedimento médico baseado na probabilidade de determinada expectativa confirmar-se (lógica probabilística) apesar da chance menor de estarmos enganados; já na Justiça, "in dúbio pro réu". Ou seja: na Justiça não se admite a dúvida – seus julgamentos pressupõem uma certeza, pois, no caso de dúvida, a Justiça penderá sistematicamente a favor do lado mais fraco – o réu, o empregado, o consumidor – onerando o lado mais forte – o Estado, o empregador, o fornecedor – com o ônus da prova, ou seja, a obrigação de provar cabalmente o mérito de sua versão.

São muitas, embora ainda incipientes, as pesquisas que procuram mostrar o vértice biológico (ou neuropsíquico) que seria a base para a ocorrência do TEPT em pessoas expostas a acontecimentos traumáticos. No entanto, estudos recentes que mostram alterações significativas na fisiologia e na anatomia cerebral enfatizam o vértice biológico e consolidam a estrutura biopsicossocial do ser humano, como citam Araújo, Lacerda e Bressan (2005, p. 91):

> A utilização de avançadas técnicas de neuroimagem tem contribuído substancialmente para o entendimento de possíveis mecanismos fisiopatológicos relacionados ao TEPT. A redução volumétrica do hipocampo tem sido o achado neuroestrutural mais consistentemente descrito. Estudos de neuroimagem funcional, utilizando diferentes paradigmas investigativos (provocação de sintomas, ativação neurocognitiva e desafio farmacológico),

têm revelado uma hiperativação do corpo amidaloide e uma resposta atenuada do córtex pré-frontal medial, córtex orbitofrontal e do giro cíngulo anterior, o que eleva essas estruturas à condição de integrantes de circuitos potencialmente relevantes para a fisiopatologia do TEPT.

Ao descrever as cicatrizes neurobiológicas do TEPT, Grassi--Oliveira, Pergher e Stein (2005), citando trabalhos de autores com diferentes metodologias, apontam para um dado interessante e muito em voga atualmente: o volume menor do hipocampo em pacientes com TEPT, o que deveria à ação tóxica do cortisol. Tais autores citam a hipótese de que um já reduzido volume do hipocampo poderia predispor o indivíduo a desenvolver o TEPT quando exposto a um fato traumático. Citam o artigo de Gilbertson *et al.* (2002), segundo o qual os veteranos da Guerra do Vietnã que desenvolveram o TEPT apresentavam volume hipocampal reduzido. De acordo com Gilbertson, nesse mesmo artigo, o estudo de dois gêmeos homozigóticos, um que foi à guerra e outro que não foi, apontou idêntica redução do hipocampo. Com base nessa informação, é possível pensar que a redução do volume hipocampal possa ser um dos predisponentes para o desenvolvimento do TEPT, e não uma consequência do transtorno.

Segundo Ramos (2005), por conta das semelhanças entre os sintomas do TEPT e os de depressão e ansiedade, os modelos biológicos existentes para a descrição destes últimos são os mais frequentemente adotados para explicar as diferentes manifestações do TEPT. Os estudos mais abrangentes nessa área envolvem a elucidação dos mecanismos de neurotransmissão, por meio de catecolaminas, e o papel do eixo hipotálamo-hipófise-adrenal (eixo HPA) na gênese dos sintomas.

Selye já notara, em 1976, que em situações agudas de estresse observa-se uma elevação dos níveis séricos de cortisol de forma relativamente proporcional à intensidade do estímulo estressante. Munck *et al.* (1984) levantaram a hipótese de que esse aumento dos níveis de cortisol teria o efeito de "controlar" a ação das catecolaminas liberadas em sua ativação simpática de disponibilizar energia para os órgãos vitais mediante o aumento de frequência cardíaca, pressão arterial e glicemia. Assim, o cortisol funcionaria como um mediador do término da resposta de estresse por meio de um *feedback* negativo sobre o hipocampo, a amígdala, a hipófise e o hipotálamo. Seguindo essa linha de raciocínio, seria de esperar um alto nível sérico de cortisol em pacientes com TEPT. No entanto, existem fortes evidências de que os níveis de cortisol se encontram reduzidos nesses pacientes (Newport e Nemeroff, 2000 e Southwick e Nussbaum, 1990, citados por Ramos, 2005; Yehuda, 2000; Yehuda, Kahana e Binder-Brynes, 1995).

A redução dos níveis de cortisol e o aumento de CRF têm se mostrado consistentes e parecem ser marcadores biológicos do desenvolvimento do TEPT. Além disso, as observações sugerem a existência de um substrato biológico que poderia facilitar o desenvolvimento do TEPT, o que indicaria uma deficiência individual para inibir reações naturais de adaptação e defesa ao trauma. Pitman (1989) infere que

uma resposta exagerada de catecolaminas e neuropeptídeos na época do trauma poderia levar a uma superconsolidação de memórias em indivíduos que viriam a desenvolver o TEPT, pois iniciaria um processo pelo qual as memórias relacionadas ao fato traumático tornar-se-iam particularmente fortes, facilitando sua recordação de forma inadequada. Essa superconsolidação de conteúdos de memória não ocorreria em indivíduos que não viriam a desenvolver o TEPT porque o cortisol, responsável pela interrupção da reação ao estresse, atuaria já agudamente e preveniria o aparecimento do transtorno.

Outro foco de atenção nos estudos sobre a neurobiologia do TEPT tem sido a observação de que pessoas com esse diagnóstico apresentam um aumento no número de receptores periféricos de glicocorticoide, o que se traduz numa resposta exaltada dos níveis de cortisol, os quais inibiriam momentaneamente as reações fisiológicas normais às situações de trauma.

Yehuda (2000) argumenta que, levando em consideração todos esses achados, a atrofia hipocampal observada em pacientes com TEPT não deve ser secundária a uma simples ação tóxica do cortisol. O autor sugere que a hipersensibilidade observada em receptores glicocorticoides periféricos poderia ocorrer em regiões específicas do hipocampo, o que facilitaria qualquer ação tóxica do cortisol nessas regiões, mesmo em níveis reduzidos. Assim, Yehuda (2000, p. 62) conclui que "talvez as principais alterações fisiopatológicas do TEPT possam estar associadas a anormalidades de receptores de glicocorticoides mais do que a níveis alterados de secreção de cortisol".

Em meio a tantas inferências e observações empíricas que se contradizem a cada nova comunicação científica sobre o assunto, pode-se considerar, como observa McEwen (2003), que o hipocampo parece desempenhar importante papel nas funções cognitivas relacionadas com a memória contextual, episódica e espacial, cujo estudo mais aprofundado pode contribuir para um melhor entendimento dos déficits cognitivos comumente encontrados no TEPT.

Da forma como se encontram os estudos sobre o TEPT no momento, no entanto, essas hipóteses podem explicar, pelo menos no nível biológico, a ocorrência de reações diferentes ao mesmo tipo de trauma sofrido.

ASPECTOS PSICODINÂMICOS

A AVALIAÇÃO DO EIXO biopsicossocial da estrutura do ser humano não pode desconsiderar as observações amplas e profundas da psicanálise (ainda que pesem sobre elas severas e contundentes críticas dos psiquiatras organicistas modernos), que enfatizam o vértice psicológico do comportamento individual e suas implicações na elucidação dos aspectos psicodinâmicos envolvidos em situações traumáticas. Embora as observações neurobiológicas sejam de valor inestimável, os aspectos psicológicos, baseados em estudos práticos e teóricos e na relação empática (Hycner, 1995) que se estabelece entre o entrevistador e o entrevistado, não podem ser simplesmente ignorados, pois trazem à luz uma compreensão mais abrangente e profunda do ser humano, estabelecendo características de sua subjetividade. Ainda que haja um número muito grande de "teorias psicológicas", a psicanálise é, sem dúvida, a mais abrangente, servindo de ponto de partida para as outras formulações teóricas sobre o funcionamento da mente humana. É uma disciplina de base científica – mas ainda considerada por muitos como "discutível" – instituída por Sigmund Freud (1856-1939) há mais de 100 anos. A chamada teoria psicanalítica é um corpo de hipóteses acerca do funcionamento e desenvolvimento da mente humana. Entre os vários e controvertidos conceitos desenvolvidos por Freud ao longo de mais de 50 anos de pesquisa empírica, dois são considerados fundamentais e sustentam toda a estrutura da teoria por ele desenvolvida: o *inconsciente* e o *determinismo psíquico* (Brenner, 1975).

Para Freud, haveria um local na mente – topograficamente existente e ainda não localizado – onde seriam "armazenadas" todas as experiências de cunho negativo e/ou traumáticas. Devido a um mecanismo psíquico chamado *repressão*, elas permaneceriam profundamente enterradas na mente das pessoas, no chamado inconsciente, para não gerar um permanente estado de angústia e aflição. Assim, Freud começava a esboçar o esquema de um "aparelho psíquico", o qual seria formado em princípio por duas instâncias, o *inconsciente* e o *consciente*, separados por uma tênue camada chamada *pré-consciente*. O inconsciente tentaria manter a todo custo, por meio do mecanismo da repressão, as "más lembranças" escondidas da pessoa, mas haveria entre elas uma movimentação contínua, dinâmica, para que aflorassem ao consciente. Desse modo, haveria uma interação de forças que se apoiariam, combinariam ou inibiriam de forma mútua. Esse movimento permanente de interação de forças em conflito mútuo, quando em equilíbrio, caracterizaria a normalidade. Quando em desequilíbrio, no entanto, se tornaria patogênico (Nagera, 1981).

Por outro lado, mesmo no dia a dia comum das pessoas, os conflitos, desejos e medos reprimidos no inconsciente seriam um fator determinante nas atitudes, nas escolhas, nas opções e nos demais comportamentos humanos. Isso ocorreria porque, devido a falhas no mecanismo de repressão, os conteúdos inconscientes se manifestariam "transformados", fazendo que "nada fosse por acaso" – em outras palavras, todo comportamento humano seria determinado pela história de vida registrada no inconsciente. Esse é o conceito do determinismo psíquico.

Em uma visão simplificada e ingênua, pode-se entender que a magnitude de um trauma de grandes proporções, como o sequestro, produz ampla desorganização dos mecanismos de defesa da pessoa, permitindo que se associe ao fato traumático um conjunto de situações de instabilidade passadas que, até então, mantinham-se em equilíbrio, reprimidas em seu inconsciente.

Segundo Ana Freud (1971), o principal elemento para o desencadeamento da *neurose traumática*[11] é a repetição de situações traumáticas. Isso se dá porque nenhum fato verdadeiramente traumático é assimilado de modo pleno, e a vulnerabilidade crescente é inevitável quando ocorre a repetição quantitativa ou qualitativa de traumas anteriores.

Como a experiência traumática é um fator da realidade externa, a maioria das defesas que o indivíduo com TEPT utiliza dirige-se contra os sintomas e acaba se tornando um novo sintoma, gerando um "círculo vicioso". Tal situação impede que a pessoa, sozinha, associe os acontecimentos atuais aos anteriormente vividos e potencializa de forma considerável a magnitude do trauma. O acontecimento real torna-se traumático por uma falha da barreira, ou escudo protetor, contra estímulos, que acabam inundando o ego com um excesso de energia. Essa inundação dilacera a capacidade defensiva do ego, fazendo-o regredir a formas de funciona-

---

11. Forma como o TEPT é chamado pela psicanálise.

mento mais primitivas, como o desamparo (Freud, 1920).
Para Vieira Neto e Sodré (2005):

> O aparelho psíquico funciona seguindo o princípio da constância ou homeostase. Qualquer aumento de energia recebida requer uma descarga equivalente tendo, como objetivo, o retorno do aparelho ao estado anterior. Após um transtorno produzido por um estímulo externo, quando não são possíveis a descarga ou as vias associativas, o desenvolvimento dos sintomas é a única saída possível [...] para um ego tornado frágil, por mais que não seja a mais adequada, essa é a melhor solução.

Nas neuroses traumáticas, a natureza e a intensidade do impacto contra as barreiras protetoras do ego são de tal grandeza que provocam um colapso na estrutura egoica. Clinicamente, a pessoa vítima de um acontecimento dessa natureza passa a apresentar sintomas de pânico, terror, confusão e estupor, o que demonstra o despreparo do psiquismo para enfrentar tais situações. Segundo Costa (2003),

> do ponto de vista dinâmico, o que surpreende nestas síndromes é a repetição do acontecimento desagradável, defesa oposta ao princípio do prazer. Em lugar de rememorar ou "alucinar" (no sentido da alucinação onírica) o objeto ou situação portadores de prazer, o sujeito reedita incessantemente o trauma, contrariando aquele princípio.

Uma explicação singela para esse paradoxo é o antigo ditado "Se não se pode combater o inimigo, é melhor aliar-se a ele". O ego "fixa-se" ao trauma como uma forma de, ao longo do tempo, encontrar mecanismos adequados para livrar-se dele. Durante esse período, obviamente, o aparelho psíquico desorganizado permanece em constante sofrimento, como quem, em meio ao desabamento de uma casa, procura ao mesmo tempo proteger-se e reconstruir o que está ruindo, em um esforço descomunal.

Há ainda a citar o artigo em que Meshulam-Werebe, Andrade

EDUARDO FERREIRA-SANTOS

e Delouya (2003) oferecem outra explicação para o TEPT:

> O trauma psíquico, ou a lembrança do trauma, atua como um corpo estranho, que muito depois de sua entrada continua como um agente que ainda se acha em ação. Há a hipótese de que o trauma reativou um conflito psicológico anteriormente quiescente, embora não resolvido. A experiência de reviver o trauma de infância resulta em regressão e no uso de mecanismos de defesa de repressão, negação e anulação. O ego revive e, desta forma, tenta dominar e reduzir a ansiedade. Como na histeria, há o ganho secundário do mundo externo, como compensações financeiras, maior atenção ou solidariedade e satisfação de necessidades de dependência. Estes ganhos reforçam o transtorno e sua persistência.

Tais observações são absolutamente verdadeiras e frequentes no processo terapêutico da vítima de TEPT, mas apesar delas (ou mesmo por conta delas) a sociedade, e em especial o poder público (como veremos adiante), tende a desprezar a vítima, numa atitude preconceituosa – como é habitual a sociedade agir em relação àqueles que apresentam problemas na esfera psicológica e psiquiátrica.

Muito mais poderia ser escrito sobre os aspectos psicodinâmicos do TEPT, mas para isso seria preciso um aprofundamento nos amplos, diversos e controvertidos conceitos psicanalíticos interligados entre si de forma intrincada e complexa que, por si sós, mereceriam uma longa tese.

Não se podem encerrar estas considerações psicodinâmicas sobre o TEPT sem citar o mais próximo colaborador de Freud, Sándor Ferenczi, e suas várias contribuições relacionadas a esse tema, particularmente os estudos a respeito da "fragmentação psíquica" sofrida pela vítima de um trauma. Comparando o trauma psíquico a um trauma físico, Ferenczi escreve (1932):

> Fragmentos de órgãos, elementos de órgãos fragmentados e elementos psíquicos são dissociados. No plano corporal, trata-se realmente da anarquia dos órgãos, partes de órgãos e elementos de órgão, quando a colaboração

PSICOTERAPIA BREVE

recíproca é a única que torna possível o verdadeiro funcionamento global, ou seja, a vida; no plano psíquico, a irrupção da violência, ou a ausência de um contrainvestimento sólido, provoca uma espécie de explosão, uma destruição das associações psíquicas entre sistemas e conteúdos psíquicos, que pode estender-se até aos elementos de percepção mais profundos.

5 Sistematização do processo de psicoterapia breve segundo o enfoque psicodramático

A POSTURA DO PSICOTERAPEUTA

FUGINDO DA PROPOSIÇÃO DE autores que consideram o psicodrama em sua visão profundamente existencialista "um ótimo recurso de técnica" em terapia breve, minha proposta baseia-se em que, de "método auxiliar", o psicodrama passe a ocupar o espaço que lhe atribuíra Moreno, qual seja, o de técnica, teoria e filosofia de compreensão e tratamento do ser humano, nesse caso envolvido numa situação especial, que se traduz por uma situação de crise ou descompensação, ou mesmo vivenciando um estado do transtorno de estresse pós-traumático.

Pretendo apresentar aqui não uma série de "receitinhas" de como fazer psicoterapia breve, mas apenas esboçar um plano geral de atendimento nessa forma de abordagem, que leve em consideração os principais pontos de apoio em que o psicoterapeuta disposto a utilizar esse recurso pode se basear, seja na clínica privada, seja em ambiente institucional.

Para tanto, é preciso que, desde o início, o terapeuta se despoje de algumas posturas que tomam corpo em nosso trabalho devido aos vícios de realizar uma psicoterapia prolongada, na qual sempre temos tempo para deixar que o próprio cliente dirija o processo terapêutico para uma exaustiva e ampla compreensão e elaboração de sua vida.

Na psicoterapia breve, o papel do terapeuta é muito mais amplo, muito mais livre e, por isso mesmo, mais responsável. Exigem-se mais experiência e disposição para exercer ativamente o papel de terapeuta do que nos processos prolongados. Isso se dá porque, se na terapia prolongada assumimos o papel de ser "aquele que apenas carrega uma lanterna ao lado do paciente para iluminar os seus passos" (como nos ensina a experiência dos mais antigos), na psicoterapia breve temos o dever de, ainda que por curto período, iluminar todo o momento de vida do paciente. Assim, recebemos o indivíduo imerso numa situação comparada, em termos, com a vivência da matriz de identidade indiferenciada, ainda que em determinado papel. Portanto, cabe a nós assumir a *função de ego-auxiliar* (em seu sentimento mais amplo), favorecendo a momentânea formação de um sólido vínculo e, por meio das técnicas de treinamento da espontaneidade e reconhecimento do Eu, reconduzir o indivíduo para seu caminho, livre e pessoal.

Esse processo exige muito do terapeuta, pois, além de simplesmente observar o paciente em sua "viagem através de si mesmo", devemos viajar com ele, cedendo-lhe a nossa "parte sadia". Moffatt (1982) diz que, "com nossos núcleos histéricos, nos introduzimos no mundo do paciente, representando e transmitindo emoções e, com nossos núcleos esquizoides, evitamos que no final do processo sejamos dois no fundo do poço em lugar de um só", pela dissolução instrumental que nos permite que uma parte nossa acompanhe o paciente em sua viagem enquanto outra permanece testemunhando o que está acontecendo para poder levar o processo terapêutico a termo.

Disponibilidade e experiência são, portanto, dois prerrequisitos fundamentais para o psicoterapeuta que se proponha a realizar a psicoterapia breve. Por outro lado, deve-se exigir que o paciente também tenha "muita vontade" de se tratar, sendo a situação em que se encontra um quadro reativo, sem grande comprometimento da personalidade.

Na psicoterapia breve, cliente e psicoterapeuta formam uma dupla baseada na relação Eu-Tu, na qual o profissional deve abandonar a postura de *agente catalisador* para apresentar um papel muito intenso e atuante no trabalho, o de *agente partici-*

pante. Terapeuta e cliente embarcarão juntos nessa experiência, impedindo a cronificação do quadro, pois que, se o paciente tiver de conduzi-la sozinho, recorrerá mais facilmente a mecanismos de defesa cada vez mais bem estruturados e subjetivos, vindo, eventualmente, a desenvolver quadros neuróticos severos ou até psicóticos.

É fundamental salientar que, nesse tipo de trabalho, o papel ativo do terapeuta terá muitos efeitos sobre o paciente. Portanto, é preciso estar sempre atento para que os fatores intervenientes de cura, como o efeito placebo, não se traduzam na prática de um efeito nocebo.

Na citação de O'Connell (1977), essa participação do terapeuta resume-se em psicoterapia breve:

> A pessoa em crise se contorce, transpira e tem seu equilíbrio psíquico abalado ao entregar-se à luta, e o terapeuta deve esperar também ser processado, em certa medida, ao fazer a "travessia do inferno" com a pessoa. Ele não pode esperar acercar-se do "fogo" e não ser ele próprio um pouco chamuscado. Não poderá proporcionar qualquer ajuda essencial se pensa ficar sentado no muro como espectador, porque qualquer espécie de ardil, qualquer espécie de prestidigitação ou manipulação terapêutica que vise diminuir a participação direta do terapeuta resultará numa barreira à crescente percepção que a pessoa adquire de seu momento crítico. Essa percepção crescente e o trabalho de avançar ao encontro desse momento dependem do encontro – da nossa entrega ao que ali está, ao mesmo tempo que confiamos no organismo para guiar e apoiar os parceiros até atingirem o âmago da crise. Portanto, é necessário que o terapeuta participe do que está acontecendo, para habilitar a pessoa a permanecer em sua crescente percepção de sua própria crise, até que o trabalho esteja concluído.

A profundidade que se alcançará em um processo de terapia breve dependerá da "força do ego" do cliente e da habilidade do profissional em aprofundar a pesquisa da psicodinâmica, verticalmente, num único foco.

Portanto, é importante que o terapeuta tenha em mente a necessidade de, sempre que possível, fornecer dados e elementos para o fortalecimento da parte sadia do cliente, pois será essa a sua grande aliada na jornada na recuperação deste.

Um trabalho amplo de psicoterapia breve, principalmente de nível institucional, requer uma combinação de procedimentos oriundos das diversas especialidades atuantes em saúde mental, em particular dos serviços de enfermagem, terapia ocupacional e assistência social.

Ressalto aqui, como já o fiz repetidas vezes em outras oportunidades neste livro, a importância da capacidade empática do terapeuta, a fim de que, aliada a seu conhecimento técnico e teórico e à espontaneidade em caminhar ao lado do paciente, não se perca em elaborações e explorações que, por mais sedutoras que sejam, possam implicar o desvio do objetivo determinado.

Procurando deixar bem claro o que quero dizer quando me refiro à empatia, recorro à definição de Greenson (1982):

> [...] ter empatia significa compartilhar, experimentar os sentimentos de outra pessoa. Este compartilhar de sentimentos é temporário. Compartilha-se da quantidade e não da intensidade dos sentimentos; do tipo e não da qualidade. Este é um fenômeno primordialmente pré-consciente. O principal objetivo da empatia é a obtenção de uma compreensão do paciente.

Essa definição é concordante com a apresentada por Paiva (1980) no II Congresso Brasileiro de Psicodrama:

> A empatia consiste no fato de se poder perceber o referencial interno de outra pessoa e os seus valores, percebendo também a real significação emocional que possuem para a outra pessoa, tal como se fosse ela mesma. Antes da forma que reveste a comunicação, a empatia visa à intenção, o que só se consegue pela apreensão do mundo interno do outro, num nível de comunicação independente do verbal, num verdadeiro estado de comunhão, em que, contudo, se mantêm claros os limites do Eu e Tu.

A empatia, portanto, é algo como uma tele unidirecional, pois se define apenas para uma pessoa, no caso o terapeuta, embora esteja implícita a situação de relação. É preciso que o terapeuta saiba "tomar o papel" do cliente, vendo a si mesmo e ao mundo com seus olhos (do cliente). Não é uma "inversão de papéis", pois o paciente não participa necessariamente desse evento.

Devemos estar atentos para a diferenciação entre *empatia* e *identificação*, sendo este último um fenômeno inconsciente que consiste no reconhecimento de elementos de sua (do profissional) dinâmica no paciente, o que, portanto, muitas vezes impede o desempenho efetivo do papel de terapeuta, pois facilita o surgimento dos chamados "pontos cegos".

Isto posto, compreende-se claramente quanto é importante para o terapeuta em formação ter sua atenção dirigida no sentido de perceber o outro e interromper possíveis inibições em sua capacidade de ter empatia.

Para que possa executar a contento essa função de ego-auxiliar, é necessário que o terapeuta tenha desenvolvido, em si próprio, uma série de *prerrequisitos* que foram descritos por Fagan (1987) num artigo sobre esse mesmo tema. Ele salienta como *tarefas* de um terapeuta a humanidade, a potência, o controle e o comprometimento.

Sobre essas tarefas, que prefiro chamar de prerrequisitos para o bom desempenho do papel de psicoterapeuta, cabem as considerações relacionadas a seguir.

A) HUMANIDADE

É inegável que, para exercer uma função de ajuda, o terapeuta deverá em primeiríssimo lugar identificar a *quem* está querendo ajudar. Para tanto, é fundamental ter a capacidade empática bem desenvolvida para, de fato, perceber quem é o *outro* e reconhecê-lo em todos os seus vértices, carências, angústias, em seus limites, potencialidades, enfim, para que possa perceber o outro como *pessoa*.

Dessa forma, concretiza-se o lema do existencialismo de que "A existência precede a essência", ou seja, é necessário perceber o cliente *antes* de lhe atribuir qualificativos.

Nesse sentido, podemos adotar a categorização de Miranda (1983), que, ao citar um escrito de Carl Rogers publicado em 1967, identifica a postura terapêutica em três dimensões básicas: *empatia, aceitação* (ou respeito) e *congruência*.

Empatia, que já definimos em item anterior, é, a nosso ver, o elemento primordial que define o tema humanidade, pois permite a real percepção do outro como ser humano. É o princípio télico que norteia a postura psicodramática. A insistência com que afirmo isso é diretamente proporcional à ênfase que deve ser dada ao desenvolvimento dessa capacidade em todos aqueles que se dispõem a exercer uma profissão de ajuda, principalmente a de psicoterapeuta.

Aceitação (ou respeito) é a capacidade de acolher o outro integralmente, obedecendo ao princípio de não julgá-lo *a priori* (diz-se que o terapeuta deve ser "amoral").

Congruência é a capacidade de ser real, autêntico, genuíno, expressando por meio de palavras e atos sua verdadeira índole.

Em sua conduta pessoal, o terapeuta deve estar sempre atento a possíveis distorções entre seu *discurso* e suas *ações*. Não é raro encontrarmos, em nosso meio, pessoas que manifestam publicamente certo tipo de pensamento e agem em seu cotidiano de maneira completamente oposta. Esse item encontra resistência por parte de alguns terapeutas, senão por suas próprias dificuldades, por se julgarem ancorados em argumentações teóricas como "O paciente precisa de um misto de força e idealização". É importante assinalar que não se pode perder de vista o foco no paciente e em suas necessidades, mas isso não pode servir de elemento para deformações ou "atuações" por parte do terapeuta. Convém aqui citar Victor Silva Dias (1982), quando diz: "[...] O ponto forte desenvolvido no exercício da profissão é identificar e mostrar os conflitos e intenções dos clientes, nunca atuar contra ou a favor delas, centrado no seu (do terapeuta) próprio interesse".

Finalizando, podemos dizer que o critério de humanidade requer do profissional alto grau de desenvolvimento pessoal, exigindo-lhe muita dedicação à sua própria terapia.

B) POTÊNCIA

Esse é o elemento axial que justifica a contratação dos servidores de uma pessoa por outra, ou seja, é a condição fundamental que ampara todo o conhecimento técnico, teórico e vivencial do terapeuta. Pode ser identificado sob o nome de *conhecimento*, o qual se baseia no real desenvolvimento do domínio do processo terapêutico em si, reconhecendo suas metas, objetivos, variações, intervenções etc.

A faculdade, o curso de formação, as especializações, a supervisão e o interesse pessoal do terapeuta constituem alicerces fundamentais do desenvolvimento de sua potência – que, obviamente, nunca se conclui, dada a infinita amplitude do conhecimento da natureza humana.

É preciso ressaltar ainda que não se trata de uma discussão sobre a *impotência* ou a *onipotência* do terapeuta, mas do exercício efetivo de sua capacidade de se utilizar do conhecimento adquirido em benefício do paciente, ou seja, sua real potência.

A ampliação da exposição desse item recairá na enumeração de uma lista de procedimentos técnicos, fato que será apresentado posteriormente.

C) CONTROLE

A esse respeito existe grande polêmica em nosso meio psicodramático, pois implica a aceitação da hierarquização da relação terapeuta-cliente, pelo menos quando do efetivo exercício da terapia.

A horizontalização da relação terapeuta-cliente, bastante defensável por se tratar da relação de duas *pessoas*, tem um componente especial, pois cada uma dessas pessoas está em um *papel* definido – o terapeuta no de *ajudador* e o paciente no de *ajudado*. Essa condição implica diretamente a responsabilidade do terapeuta pelo exercício desse papel, de forma que ajude de fato o outro.

Já em 1946, dizia Moreno: "Onde se inicia a medicina psicoterápica e onde ela termina? Quem tem a responsabilidade de se ocupar com essas necessidades profundas, que podem surgir no decorrer de sessões terapêuticas, se não o psicoterapeuta de grupo ou o psicodramatista?"

É ainda nesse trabalho que Moreno enfatiza a *responsabilidade* do médico (terapeuta) como agente de saúde. E é nesse sentido que salientamos o controle do profissional na relação terapêutica, pois é dele o papel de "ajudador", ainda que apenas momentaneamente. Isso nos dá a dimensão da importância do efetivo sentido da responsabilidade devida ao terapeuta, pelos caminhos e descaminhos em que conduz seu paciente, notadamente os mais imaturos e comprometidos. Não lhe é permitido, desse ponto de vista, furtar-se em assumir atitudes perante seus pacientes que de fato exijam o exercício do *poder*, tendo como medida de segurança para o não abuso desse poder a introjeção dos prerrequisitos de humanidade e potência. Como diz Silva Dias (1987): "A grande dificuldade de lidar e exercer o poder (levam o terapeuta) a discutir e debater sobre o poder em vez de realmente exercê-lo".

Não constitua isso apologia do uso indiscriminado do poder autoritário ou camuflado (Amado e Moura, 1984) que a psicoterapia, devido a seus compromissos sociais e políticos, procura tanto denunciar como combater.

D) COMPROMETIMENTO

Como último prerrequisito a ser mencionado, quero citar o comprometimento, o qual nada mais é do que o contínuo envolvimento e aceitação de responsabilidades assumidas que dão sentido à nossa escolha do papel de terapeuta. Isso implica, na realidade, a aceitação do desafio existencial de lutar, quer pela vida, quer por sua qualidade, acreditando firmemente que assim é possível bem como exercer função marcante nesse sentido.

É o sentimento mais profundo que nos motivou (ou deveria ter motivado) quando da escolha de tão árdua tarefa, que é a de acompanhar outro ser humano, em meio às suas aflições, por entre tortuosos caminhos de sua dinâmica, esbarrando em obstáculos, resvalando em precipícios, desabando em emoções incontidas, tendo sempre a mão estendida, o ombro firme, os sentidos alertas, os olhos abertos, emprestando a esse outro ser uma parte de nós mesmos.

Sem dúvida, o elemento fundamental que deve alicerçar esse papel é o contínuo fascínio pelo outro, o que exige uma grande disponibilidade interna, pois, sem isso, nenhuma habilidade, nenhum conhecimento, nenhum poder, enfim, nada é suficiente para conduzir a bom termo um processo terapêutico, seja ele breve ou prolongado.

Reforçando esse aspecto, há notícias de várias pesquisas realizadas nos Estados Unidos para avaliar o grau de satisfação de pacientes em relação a seus médicos, nas quais ficou evidenciada a importância que o paciente dá ao médico quando percebe que ele está *realmente* interessado em ajudá-lo.

O sentimento de *segurança* referido por esses pacientes deve-se não só à percepção da competência técnica do profissional (condição *sine qua non*), mas principalmente à atitude de *solidariedade* do profissional.

ESQUEMA TÉCNICO GERAL

A) DIAGNÓSTICOS

O desenvolvimento de um processo de psicoterapia breve implica a estruturação de um esquema técnico geral, que pode ser seguido em todos os casos em que ela seja realizada.

Tal esquema deve partir do *diagnóstico* elaborado por ocasião da entrevista inicial com o paciente, em que se encontra a predominância de ansiedade devida a uma história reativa recente, sem antecedentes que façam pensar num processo psicótico, desenvolvimento de quadro neurótico crônico ou distúrbio caracterológico formal. Não quer isso dizer que a psicoterapia breve não possa ser aplicada a neuróticos crônicos ou a pacientes psicóticos. Apenas que, nesses casos, devemos ter como expectativa não a *resolução* do processo de base, mas apenas da situação de crise que se instalou sobre ele. O prognóstico, portanto, é mais reservado e a indicação mais restrita, sendo conveniente sua utilização apenas como processo de *mobilização* para uma psicoterapia prolongada.

Com expectativas de obter bons resultados em psicoterapia breve estão aqueles pacientes que apresentam quadros agudos de crise ou descompensação psicológica de início recente, desencadeados por obstáculos reais, tais como o exame vestibular, o casamento, a graduação, o rompimento amoroso, o descasamento, a viuvez etc. Bons resultados são também alcançados por pacientes em situação potencialmente crítica, tais como a adolescência, a aposentadoria, a menopausa etc.

No subtítulo deste item, usei o plural para expressar que não podemos basear a observação de uma pessoa levando em consideração apenas um ou outro "quadro" significativo em um único campo do conhecimento. Avanços importantes na psiquiatria, na psicologia dinâmica, na psicologia social, entre outros, têm aberto amplo leque de avaliações que não pode ser desprezado na compreensão geral de um ser humano.

Kesselman (1971) já havia desenvolvido uma série de critérios para a formulação de um diagnóstico global que levasse à indicação de psicoterapia breve. Afirmando apoiar-se no esquema referencial de Pichon-Rivière, realizou um diagnóstico que abrange os níveis fenomenológico (clínico), dinâmico, presuntivo estrutural de base (caracterológico) e sociodinâmico.

Posteriormente, Fiorini (1986) também publicou um estudo propondo diferentes níveis de diagnóstico, salientando que

> uma aproximação clínica fecunda apoia-se na indagação de diferentes níveis de diagnóstico [...] que refletem o fato de que todo indivíduo e todo grupo humano expressam ao mesmo tempo sua inserção em diferentes planos de interações sociais, de modo que seus processos psíquicos correspondem a diferentes sistemas de leis, mecanismos e modos de transformação.

Com a edição do *Manual diagnóstico e estatístico de transtornos mentais* pela Associação Psiquiátrica Americana, passou-se a avaliar um paciente em sua totalidade, com base em um diagnóstico multiaxial que, orientado dinamicamente ou pelo conjunto de sintomas apresentados, leva em consideração múltiplos aspectos que *geram*, *induzem* ou simplesmente *acompanham* as manifestações clínicas.

Assim, baseado nesses estudos e tendo como objetivos desde a indicação do processo de psicoterapia breve, passando pela avaliação do "foco" e de "estruturas sadias" até a formulação de um prognóstico, proponho uma avaliação de acordo com os seguintes critérios que passarei a enumerar e especificar:

DIAGNÓSTICO CLÍNICO

Compreendendo as diferentes nosografias da clínica psiquiátrica que considera todo o arcabouço teórico da psicopatologia jasperiana, observam-se diferentes "quadros clínicos", tais como: as psicoses processuais e reativas, as neuroses, as psicopatias (caracteropatias), as psicoses orgânicas e funcionais, os distúrbios psicossomáticos, as reações de desajuste com ou sem manifestações somáticas etc.

Ressalto a importância de levar em conta o nível de diagnóstico, pois ele é fundamental na indicação com êxito da psicoterapia breve; portanto, como já afirmei, os quadros reativos são os que mais bem respondem ao tratamento, constituindo a sua indicação formal.

A isso se acrescenta a eventual indicação do uso de medicamentos sintomáticos e/ou a opção por outras abordagens terapêuticas.

DIAGNÓSTICOS DO PADRÃO DE PERSONALIDADE

Para a elaboração do nível de diagnóstico é necessário identificar as características gerais da personalidade do paciente, isto é, suas tendências de temperamento e caráter que servem de suporte para o seu "modo de agir no mundo".

Para nós, psicodramatistas, a *teoria do núcleo do Eu*, formulada por Rojas-Bermúdez (1978), que leva em consideração, segundo seu autor, uma ampla plêiade de conhecimentos, principalmente a pluralidade fenomênica da psicologia social de Pichon-Riviére e a teoria do desenvolvimento da libido de Freud, fornece importantes subsídios para a elaboração do diagnóstico.

Com esse referencial, podemos identificar as funções egoicas potencialmente sadias ou comprometidas (elemento importante no estabelecimento da "aliança terapêutica", como será visto mais adiante) e os padrões habituais de ação e interação revelados no desempenho ou na falha de desenvolvimento dos papéis psicossomáticos e suas funções correspondentes.

Além da avaliação do estado das funções do Eu e de suas condições de eficácia nos campos da percepção, do pensamento e dos sentimentos, a teoria de Rojas-Bermúdez torna possível perceber sua capacidade de espontaneidade, criatividade, seu grau de satisfação/insatisfação geral da vida, sua elaboração e resolução habitual de situações potencialmente críticas, seu grau de domínio e/ou transformação da ansiedade, além da sua habilidade de retardar, contornar, controlar ou resolver impulsos etc.

Enfim, o diagnóstigo requer do terapeuta amplo conhecimento da teoria do núcleo do Eu e das funções desempenhadas por meio dos papéis psicossomáticos.

DIAGNÓSTICO PSICODINÂMICO

Esse tipo de diagnóstico, com tal precisão e profundidade, pode ser uma questão polêmica entre os psicodramatistas. Requer vasto conhecimento de metapsicologia psicanalítica, por meio da qual é possível reconhecer os diversos tipos de conflitos, ansiedades, mecanismos de defesa, identificações e resistências. Embora historicamente o psicodrama tenha se oposto à psicanálise (Moreno insistia sempre em criticar Freud), hoje, há um movimento de certas "correntes" do psicodrama para ampliar o conhecimento do indivíduo sobre si mesmo pela aceitação de alguns fundamentos da *psicologia profunda* de Freud. Tal aproximação vem ocorrendo efetivamente, fato que pode ser observado nas afirmações de Kestemberg e Jeammet (1989):

> Nada predisporia, *a priori*, o método psicodramático e a psicanálise a um encontro que pudesse desembocar sobre uma prática comum. Se, entretanto, a evolução dos dois métodos pelas escolhas de seus fundadores os conduziu aos antípodas, seus objetivos de partida não eram necessariamente antagônicos. Tanto um como o outro consideram que seu fim é reduzir a distância entre a aparência do sujeito e sua realidade profunda e que, para isso, é preciso atingir as fontes dos conflitos. Os meios escolhidos para fazê-lo diferem, mas podem ser complementares...

Portanto, após essa curta divagação apologista do psicodrama psicanalítico, retorno à proposição da elaboração do diagnóstico psicodinâmico a fim de tornar possível a compreensão dos conteúdos latentes, subjacentes a determinado sintoma, o qual, geralmente, constitui o motivo da consulta.

Ainda sobre o nível de diagnóstico, é fundamental o seu conhecimento para reconhecer e delinear o "foco" a ser trabalhado pela psicoterapia breve, pois é a partir das queixas, dos sintomas e da ansiedade expressa ou modificada que se podem identificar o conflito atual e as manifestações transferenciais nele depositadas.

DIAGNÓSTICO SOCIODINÂMICO

Aos três diagnósticos anteriores alia-se esse quarto nível de compreensão da pessoa imersa nos pequenos grupos sociais (família, escola, amigos, trabalho) a fim de interpretar hipóteses de correlação entre os dinamismos grupais e as dinâmicas intrapsíquicas ativadas ou potencializadas na situação de interação grupal.

Como salienta Fiorini (1986):

> Aqui devemos incluir a conceituação do sintoma como emergente grupal, os papéis inconscientes estereotipados, os fenômenos de depositação em determinados membros, os mitos que o grupo compartilha e sua incidência na fantasmática reativada no paciente, os mecanismos de homeostase grupal frente a crises, a inclusão do distúrbio individual nas redes de significado constituídas como história do grupo.

Assim, podemos ter uma ampla visão do indivíduo no exercício de seus "papéis sociais", isto é, a quantidade e a qualidade dos vínculos que ele estabelece em sua vida e a dinâmica das inter-relações. Isso tem importância especial na teoria psicodramática, pois é por meio da avaliação de desempenho dos papéis sociais que se poderá ter um parâmetro de avaliação (associado a outros elementos) do grau de maturidade de um indivíduo. Quanto mais ampla e significativa for a rede sociométrica, maior será seu desenvolvimento de papéis e, portanto, mais hábil, apto e espontâneo será esse indivíduo.

DIAGNÓSTICO DO NÍVEL DE ABSTRAÇÃO

Embora essa observação caiba mais como traço de personalidade e, portanto, já se ache incluída no "diagnóstico caracterológico", a individualização do item será de extrema importância na indicação de um processo de psicoterapia, notadamente nos tratamentos com tempo limitado e objetivos determinados.

Assim, é possível notar que, em algumas pessoas, independentemente de seu nível sociocultural, existe um tipo de experimentação de vida que só permite avaliações concretas e objetivas, de modo que qualquer divagação no campo dos "psicologismos" lhes provocaria verdadeira ojeriza. Com elas, portanto, qualquer abordagem de aspectos psicodinâmicos acaba soando falso, algo ridículo e absolutamente improdutivo. É claro que se pode argumentar que se trata do fenômeno de resistência, mas não adianta insistir nessa tônica. Para a abordagem desse tipo de pessoa é importante ter em mente que apenas argumentações lógicas e, às vezes, pequenas atitudes de aconselhamento são suficientes para a resolução do quadro conflitivo.

Aqui também se pode avaliar o nível de expectativa do paciente quanto à terapia, sua compreensão do que significa esse tipo de tratamento, seu nível de colaboração para a produção dos resultados esperados. É bom lembrar que aquilo que o paciente espera de um tratamento psicoterápico nem sempre é o mesmo que o terapeuta espera, sendo fundamental ter claro que a vida pertence ao paciente e somente a ele cabe determinar o seu destino.

Essa enumeração não esgota, evidentemente, todo o amplo espectro que compõe a vida humana, seja no sentido psicológico, seja no psicopatológico, mas permite a formulação de uma *hipótese dinâmica global* que é de valia extraordinária, no sentido de se ter um amplo panorama da atual situação existencial do paciente. Tal ganho, além de permitir o estabelecimento hipotético do *foco* a ser trabalhado em seus possíveis níveis de comprometimento, favorece o reconhecimento da parte potencialmente sadia do paciente sobre a qual será formada a "aliança terapêutica".

Segundo Lemgruber (1984), é fundamental para o sucesso terapêutico que, na fase de diagnóstico, averigue-se a capacidade do paciente de estabelecer uma "aliança terapêutica". Em suas palavras:

PSICOTERAPIA BREVE

Este potencial se relaciona com a identificação do paciente com os objetivos do tratamento, com a sua motivação para a mudança, com seu nível de frustração e com a existência de uma "confiança básica" (capacidade para o indivíduo reagir às vicissitudes da vida por meio de uma atitude positiva frente ao mundo).

E a "aliança terapêutica" começa a se processar desde o primeiro contato com o paciente, à medida que a pessoa se sente compreendida em seu sofrimento e em sua incapacidade momentânea para a resolução do conflito que a consome em angústias e somatizações, vendo-se, por outro lado, estimulada na expressão de seu potencial de saúde mediante sólida aliança entre o terapeuta e "sua parte saudável" no combate àquilo que a aflige.

Se, de um lado, podemos dizer que a capacidade empática do terapeuta é posta à prova para a correta percepção do paciente, este, por seu lado, pode ser estimulado a desenvolver certo grau de transferência positiva em relação ao terapeuta, o que, a meu ver, é perfeitamente natural nesse momento de crise e descompensação em que o paciente de fato precisa de alguém que exerça a função de "ego-auxiliar" e o ajude na resolução do conflito.

Isso deve ser bem observado pelo terapeuta, pois pode criar empecilhos no término do processo devido à vinculação transferencial e não terapêutica realizada pelo paciente. A duração limitada do trabalho e o constante apontamento dessa transitoriedade do vínculo são os fatores que permitem contornar o problema quando não existe comprometimento psíquico maior do paciente, o que então já seria motivo para a não indicação da psicoterapia breve.

Mais recentemente, baseados nos critérios diagnósticos estabelecidos pela Associação Psiquiátrica Americana explicitados nos quesitos do *DSM-IV*, surgiram "questionários dirigidos", como o *SCID* (First *et al.*, 1997), sigla em inglês para *Structured Clinical Interview for DSM-IV* [Entrevista Clínica Estruturada para o *DSM-IV*, em português], o *PTSD* (Berger *et al.*, 2004) sigla para *Post-Traumatic Stress Disorder Checklist* [Verificação de Presença do Estresse Pós-Traumático] e vários outros questionários, cuja finalidade é mais *quantificar* o tamanho do dano do que fazer um diagnóstico fenomenológico, tendo porém grande utilidade quando utilizados para trabalhos científicos.

B) ENQUADRAMENTO

O segundo passo no esquema técnico geral é o enquadramento, em que são estabelecidas as regras gerais norteadoras do processo terapêutico. Tais regras, que devem ter a plasticidade exigida para cada caso, consistem em estipular o número de sessões a ser realizadas, em que o limite de tempo, a frequência das sessões, a previsão de paralisações e os retornos periódicos de reavaliação serão considerados.

No que diz respeito a limitar previamente o número de sessões e estabelecer desde o princípio a *data* do término da psicoterapia, Malan (1981) deixa claro em sua experiência que, se isso não for feito, "tanto o terapeuta quanto o paciente tendem a se envolver profundamente um com o outro, podendo tornar-se muito difícil a interrupção do tratamento" que esteja evoluindo bem.

Ainda nesse trabalho, Malan afirma não existir "mágica especial em nenhum número específico de sessões e que os pacientes podem beneficiar-se, independentemente de seu número, uma vez que o conheçam desde o início do tratamento".

O número de sessões deve ser calculado com base na entrevista inicial com o cliente, na qual será levada em conta a gravidade da queixa apresentada. Como um "número mágico" podemos pensar em 12 semanas como referência básica, aumentando ou diminuindo-o de acordo com a evolução do processo.

Um fator importante consiste em determinar a data do término do trabalho, independentemente do número de sessões realizadas (sem contar as faltas do paciente), pois, além de reduzir de

PSICOTERAPIA BREVE

modo significativo o número de faltas, ele funciona como coadjuvante do tratamento.

O princípio que indica a delimitação precisa do número de sessões baseia-se na ideia de um "sistema fechado", que impede derivações de foco e alimenta uma ansiedade positiva (como uma "panela de pressão") que impulsiona o processo terapêutico numa só direção com a rapidez necessária para satisfazer as exigências sociais, econômicas e pessoais do paciente.

Como exemplo, podemos propor um "bloco" de, digamos, 12 sessões, sendo a última discussão girando em torno das seguintes alternativas, de acordo com a evolução do processo:

a *alta do paciente*, propondo que sejam feitas reavaliações periódicas, com um intervalo mensal no início e, posteriormente, semestral, até a *alta definitiva*;

b *prolongamento da psicoterapia breve*, com um recontrato para mais um bloco de sessões (que poderá ser em menor número);

c indicação de um processo de *psicoterapia prolongada*, individual ou grupal.

Todas essas informações deverão ser fornecidas ao paciente, assim como as normas básicas do contrato terapêutico, em especial a chamada "devolução de dados" – em que lhe são transmitidas, com a suficiente clareza de linguagem, a compreensão de seu quadro atual (ainda que panorâmico e parcial). Também é preciso, ressalto, elucidar o modo como ele foi globalmente avaliado e afirmar que nos propomos a ajudá-lo a "sair dessa"!

Esse esquema técnico geral deve ser desenvolvido em uma, duas ou mesmo três entrevistas iniciais e, embora explicitamente não faça parte do processo de terapia breve, sua aplicação sobrepõe-se ao começo da terapia.

ESQUEMA TÉCNICO ESPECÍFICO

O ESQUEMA DE TRABALHO será dividido didaticamente, procurando-se ordenar o processo terapêutico sem, no entanto, perder a noção de que tais etapas poderão ocorrer de modo simultâneo, sobrepondo-se umas às outras no desenrolar do processo. As três etapas, nomeadas por sua característica principal, são as seguintes: 1. Acolhimento; 2. Resolução; 3. Reformulação.

1. ACOLHIMENTO (O INÍCIO DO PROCESSO TERAPÊUTICO)

Essa primeira etapa é de extrema importância, pois o sucesso do processo terapêutico dependerá substancialmente do êxito de sua concretização. Nesse ponto, o profissional deverá dirigir seus esforços no sentido de organizar uma estrutura de sustentação na qual o paciente se instalará, criando uma verdadeira "placenta terapêutica". Ainda com fins didáticos, essa primeira etapa poderá ser subdividida em duas fases, assim denominadas: a) Vinculação; e b) Ansiolítica.

a) Vinculação

Pichon-Rivière, citado por Moffatt (1982), fala da necessidade que tem o "paciente em estado de crise de que alguém lhe segure o medo".

Neder (1984) cita as experiências do psiquiatra norte-americano Eric Wright ao acompanhar pacientes em estado grave (de origem clínica ou acidental) no transporte de ambulância do local em que foi encontrado até o hospital. No trajeto, Wright mantinha-se próximo do paciente e, segurando-lhe a mão, dizia calmamente: "Você não está sozinho, não se preocupe, eu estou aqui com você. Está tudo sob controle; você já foi medicado e está tudo em ordem. Não há com o que se preocupar. Descanse!" Segundo seu relato, isso era feito mesmo com o paciente inconsciente, e os resultados revelaram uma diminuição no número de pacientes que faleciam antes de chegar ao hospital.

PSICOTERAPIA BREVE

Portanto, já na primeira sessão de psicoterapia breve, o terapeuta deverá estabelecer comunicação com seu paciente, na qual ele tenha em mente o processo de "confirmação de sua existência como pessoa".

Laing (1978), ao citar Buber e William James, faz a importantíssima afirmação: "O mais ligeiro sinal de reconhecimento do outro confirma pelo menos a presença da pessoa em seu mundo".

Ferreira-Santos e Kaufman (1982) descrevem em seu trabalho o valor da comunicação patológica e, por oposição, da comunicação terapêutica nas fases de simbiose e reconhecimento do Eu e do Tu da *matriz de identidade,* com ênfase em sua utilização no processo terapêutico, salientando que os sentimentos do paciente "só terão 'sentido interno' na medida em que encontrem ressonância no meio externo, através de respostas verdadeiras de seus egos-auxiliares".

Para o paciente que se acha abandonado e confuso, perdido no labirinto da crise, a abordagem franca e confirmatória de sua existência e o reconhecimento de sua angústia pelo terapeuta têm a experiência da mão que se estende do alto do abismo para impedir-lhe a queda definitiva. Nessa fase, o terapeuta não só consegue estabelecer um vínculo satisfatório com o paciente como também produzir certo alívio derivado da anulação da sensação de o paciente achar-se absolutamente só e desamparado.

Ao contrário dos que defendem a posição psicanalítica, não se trata de reforçar os vínculos transferenciais do paciente e aproveitar-se dele. Muito pelo contrário, nessa fase procuramos um relacionamento télico, em que percepções, interpretações e sentimentos do terapeuta provocados pelas ações do cliente deverão, sempre que for conveniente, ser explicitados.

O objetivo dessa fase é, pois, despertar no cliente a sensação de que ele não está sozinho neste mundo, que será compreendido e ajudado extremamente naquilo de que precisar.

Para tanto, o terapeuta deverá estar familiarizado com os principais conceitos da teoria da comunicação, desenvolvidos por Watzlawick, Beavin e Jackson (1973). Desses conceitos, os mais importantes e fundamentais são os *níveis* e os *modos* de comunicação. A comunicação pode ser feita de dois modos: analógico e digital. A mensagem *digital*, cujo significado é reconhecido convencionalmente por todos, é expressa de forma verbal. A *analógica*, por outro lado, é a mensagem não verbal que propõe uma relação entre os comunicantes e classifica a mensagem digital. É fundamental que numa relação dialógica (como a que deve haver entre o terapeuta e o cliente) haja concordância numa mesma mensagem nos seus dois modos, evitando-se o que foi chamado por Bateson (1974) e sua equipe de Palo Alto de *dupla mensagem*.

Quanto aos níveis de comunicação, eles dizem respeito estritamente ao conteúdo relacional da mensagem com a qual os indivíduos interagem; portanto, oferecem-se mútuas definições de suas relações e, consequentemente, de si próprios. Tais níveis são a confirmação e a desconfirmação.

Na *confirmação*, aquilo que o emissor está dizendo é ouvido pelo receptor com seriedade e respeito, reconhecendo-se como *verdadeiro* para quem emite seus sentimentos, pensamentos ou percepções. No limite, uma pessoa delirante que se diz ser Jesus Cristo ou Silvio Santos está, realmente, acreditando nisso e confirmá-lo significa reconhecer essa crença, essa convicção.

Por outro lado, isso não significa a aceitação incondicional do conteúdo dessa manifestação, ou seja, embora se reconheça que o sujeito se perceba como Silvio Santos, na verdade, sabemos que não é real. Abrem-se, portanto, duas possibilidades na confirmação:

PSICOTERAPIA BREVE

- *aceitação:* o receptor reconhece como existencialmente verdadeira a mensagem emitida, identificando suas características de adequação à realidade consensual, isto é, o emissor da mensagem não apenas se percebe, sente ou pensa deste ou daquele modo, mas sua afirmação está dentro da realidade;
- *negação:* o conteúdo da mensagem não é aceito pelo receptor (sabemos que na verdade ele não é o Silvio Santos), porém preserva-se a compreensão de que aquela pessoa se percebe como tal, podendo o entendimento dessa percepção inadequada dar-se apenas no nível psicodinâmico do sujeito.

Na *desconfirmação,* não se considera o direito de a pessoa sentir o que sente, de pensar o que pensa, de perceber o que percebe, enfim, desrespeita-se seu direito de existir. É a comunicação eminentemente patológica e patogênica – que, portanto, deve sempre ser evitada.

Para melhor compreensão desses conceitos, costumo citar uma situação familiar corriqueira: uma menina, pouco antes da hora do almoço, aparece com um biscoito na mão dizendo à mãe que quer comê-lo.

A atitude saudável da mãe seria dizer à criança: "Embora eu reconheça seu desejo de comer o biscoito, agora não é hora, pois o almoço já está pronto... Vamos almoçar e depois você come o biscoito". Assim, apesar de ela estar negando e mesmo frustrando a criança, está mantendo a proposta de confirmá-la em seu desejo. Esse procedimento não é simples e demanda muito tempo e disponibilidade da mãe.

Por outro lado, o que acaba ocorrendo é a solução mais rápida e incisiva, desconfirmadora, na qual a mãe simplesmente grita: "Você não vai comer biscoito nenhum... Você não quer comer esse biscoito, está só criando caso, fazendo birra, e blá-blá-blá..."

Portanto, respeitando esses dois princípios (o de concordância das mensagens e o de confirmação da existência do outro), o terapeuta terá atingido o principal passo na vinculação com o paciente, pois terá aberto a porta para uma verdadeira relação dialógica.

b) Ansiolítica

É essa a fase em que será abordada a simultaneidade da ação músculo-emoção. Tal simultaneidade parte de um princípio fisiológico que coloca o animal em posição de "briga" ou de "fuga" diante de uma situação de perigo, mobilizando-lhe todo o esquema muscular. O relaxamento muscular pode ser considerado a mais antiga técnica de acolhimento, pois constitui "nada mais, nada menos, do que o abraço e as carícias da mãe ante o pânico infantil, abraço que é simultaneamente contenção, encontro e relaxamento" (Moffatt, 1982).

As técnicas de relaxamento apresentadas por Sandor (1974) constituem um bom modelo, no qual se mesclam exercícios de autopercepção corporal (ideoplásticos), exercícios de frequência, ritmo, modo e profundidade da respiração, técnicas de massagem etc.

Esses exercícios, realizados em ambiente propício, com luz suave e música repousante, costumam apresentar excelentes resultados, propiciando ao paciente não apenas um relaxamento momentâneo, mas duradouro. Uma ideia é deixar para o paciente (como "lição de casa") algum exercício que ele possa realizar sozinho e com isso prolongar a sensação de bem-estar.

Outra forma de reduzir a ansiedade é a *medicamentosa*, pela ação de psicofármacos de ação ansiolítica e miorrelaxante. Tal procedimento deve ser, no entanto, muito cauteloso devido às contraindicações e aos efeitos colaterais desses medicamentos, além do fato de a maioria dessas drogas conter agentes depressores do sistema nervoso central, o que pode ocasionar ou complicar o processo depressivo. Nesses casos podemos obter bons resultados recorrendo a drogas que, embora apresentadas como antidepressivas, são apenas excelentes ansiolíticos, sem efeitos comprovados sobre o humor do paciente. Desse ponto de vista, há atualmente uma grande polêmica entre os psiquiatras a respeito da ação ou inação dessas drogas sobre o humor do paciente, com opiniões diametralmente opostas. A conclusão a que se pode chegar é de que, se esses agentes psicofarmacológicos não atuam no humor, pelo menos não o deprimem e propiciam, de fato, bons efeitos ansiolíticos. A indicação precisa desses medicamentos encontra boa resposta em casos de evidentes e desconfortantes manifestações somáticas. No Capítulo 6, abordarei mais amplamente esse tema.

É no jogo, no entanto, que encontramos a expressão psicodramática máxima. Regina Monteiro (1994) diz que o jogo permite ao homem reencontrar sua liberdade por meio não só de respostas aos seus problemas, mas também na procura de outras formas para os novos desafios da vida, liberando, assim, sua espontaneidade criativa.

Bustos (1979) cita Moreno para dizer que "ele adorava o jogo, porque aí se encontra a liberdade".

Nas psicoterapias de grupo, os mais variados jogos poderão ser propostos, tendo sempre em mente que, nessa situação especial, em que o indivíduo não está trabalhando diretamente o seu conflito, o nível de ansiedade se tornará cada vez menor, facilitando bastante as demais etapas de tratamento.

Nas psicoterapias bipessoais, devem ser estimulados os jogos com objetos intermediários, como bonecos, fantoches, tintas, "jogos de armar" etc. Música e luzes completam o panorama propício para os bons jogos ansiolíticos.

2. RESOLUÇÃO

Essa etapa é a "espinha dorsal" de todo o tratamento. Trata-se do momento em que abordaremos dramaticamente o "foco" da situação crítica apresentada pelo paciente.

O terapeuta deverá trabalhar mantendo um "foco" de ação, termo que se refere às dramatizações centrais que derivam diretamente da "queixa" do paciente. Este paciente deverá ser sempre encaminhado para esse foco, com o descarte de possíveis derivações que possam surgir durante a dramatização. Aqui, mais uma vez, será solicitada a experiência do terapeuta, visto que de suas "hipóteses" dependerá a manutenção do "foco" em evidência.

Na situação de crise, o indivíduo se lança em campo em busca da resolução de sua meta (para a qual ele só vê um caminho), sem se dar conta das barreiras secundárias (pertencentes a seu mundo interno) que, obviamente, o limitam, tornam árdua e desastrosa a caminhada, consumindo energia, com o evidente rebaixamento das funções egoicas.

Portanto, o caminho para a meta é desviado pelas barreiras secundárias, levando o indivíduo a direções refratárias. Tais barreiras chegam a distanciá-lo tanto de sua meta que, por fim, ele se vê confuso, perdido e só, fato característico da crise.

Cabe ao processo de psicoterapia breve manter o indivíduo a caminho de sua meta, fazendo-o parar em cada barreira para tentar solucioná-la; se isso não for possível devido à amplitude e às ramificações, devemos, ao menos, fazê-lo contorná-la sem perder o rumo da solução.

Em termos de "operação dramática", isso equivale à realização de sucessivos "atos terapêuticos" em que cada obstáculo secundário é abordado isoladamente, com a obrigatoriedade de fechar-se a sessão retomando sempre o rumo da resolução do foco primário.

O "ato terapêutico", tal como foi proposto pelo próprio Moreno, tem a função de efetivamente "remodelar" a dinâmica apresentada pelo paciente. A mesma visão tem Beck, na terapia cognitivo-comportamental, cujo objetivo é descobrir e reformular o que foi por ele chamado de "distorções cognitivas", que nada mais são do que núcleos inconscientes que contêm informações pretéritas e interferem na compreensão exata do acontecimento atual.

Assim, fica delineado todo o *foco* do ponto de vista psicodramático, partindo do sintoma e do sentimento que lhe dá suporte e da consequente "cena inicial", que é a porta de entrada para o material reprimido do inconsciente.

Com base no modelo apresentado por Silva Dias (1982) para a execução de um "ato terapêutico", pode-se ter a ideia de como atravessar os diversos níveis de um mesmo "foco", encadeando-se dramaticamente, cena a cena, os obstáculos do mundo interno do paciente.

Seguindo essa orientação, a partir do momento em que detectarmos o "pico máximo" de emoção apresentada pelo cliente (por meio de um sintoma somático, na expressão analógica de um relato ou claramente manifestada por ele), teremos o indivíduo da situação conflitante inicial que representa a falha de desempenho de determinado papel (não desenvolvido ou pouco desenvolvido) em face de uma situação de solicitação externa.

Tal situação conflitante é o elemento axial do "foco", pois, se por um lado ela é desencadeadora de ansiedade com suas manifestações, por outro é desencadeada por um conflito relativo ao "mundo interno" do paciente, em que estão presentificadas as relações e as emoções pertencentes à estrutura da trama psicodramática de sua vida.

Com o desenrolar da sessão de psicodrama, a partir da cena que represente a situação atual, levamos o cliente a mergulhar em seu mundo interno, assim como o faz o protagonista de uma tragédia grega, em que, como dizem Vernant e Vidal-Naquet (1977),

> em lugar de emanar do agente como sua fonte, a ação o envolve e arrasta, englobando-o numa potência que escapa a ele tanto que se estende, no tempo e no espaço, muito além de sua pessoa. O agente está preso na ação. Não é seu autor. Permanece incluso nela.

Assim, revivenciando o passado, é possível identificar e caracterizar os personagens internalizados que articulam essas relações pretéritas e permitir a liberação de emoções até então reprimidas, facilitando a *catarse de integração*. Nas palavras de Rojas-Bermúdez (1980): "O que sai de dentro do paciente é ele próprio; e, ao sair de *algo* que o continha, realiza seu Eu, expressa--se, estabelece contato real com a vida".

Isso é quase como um nascer de novo, em que, na verdade, devolvemos à pessoa a direção de sua vida, facilitando o resgate psicodramático de cargas positivas (*reparação*). Livre da carga de emoção negativa, o indivíduo pode viver o *nunca vivido, ou viver de forma diferente o já vivido*. Trata-se do "reviver diferenciado" descrito por Fonseca Filho (1980):

> Acontece, muitas vezes, que uma nova marca libera a marca anterior de tal maneira que um novo registro se estabelece, evitando a "repetição compulsiva". [...] Em palavras morenianas, teríamos a vivência da segunda vez liberando a primeira.

Finalizando, é importante recuperar o que ficou lá atrás, isto é, a cena do conflito inicial, para ser incorporada ao papel social pouco ou não desenvolvido, a experiência vivida na dramatização, com o objetivo de favorecer o desenvolvimento desse papel. Com esse procedimento – o "ato terapêutico" –, incidimos nas duas "frentes" que originaram a crise: o pequeno desenvolvimento do papel social solicitado e a emergência de barreiras secundárias que potencializavam a dificuldade de resolução.

Cabe aqui ressaltar também a validade da situação vivida no psicodrama como uma verdadeira "experiência emocional corretiva" (EEC), tal qual a denominou Franz Alexander e foi descrita por Lemgruber (1984):

> A EEC é uma experiência completa, tanto cognitiva como emocional, volitiva e motora. É um "complexo psíquico", como foi descrito por Freud, um processo básico em que, havendo um fato cognitivo (C), segue-se um fato afetivo (A) e deste decorre um fato volitivo (V), de onde advém

PSICOTERAPIA BREVE

um fato motor (M). Para ser considerado um complexo é necessário haver um encadeamento entre esses aspectos, um vetor que os una e os torne intimamente associados entre si (C«A«V«M) [...].

Assim, a revivência de situações ou de períodos geradores de tensão do passado pode ocorrer agora num contexto mais protegido, em que, além da experiência psicodramática em si, existe o elo com o papel do terapeuta que (aqui cabe lembrar mais uma vez a empatia) é fundamental na remodelação de um comportamento com base na repetição e no reforço (de acordo com a linha behaviorista) ou pelo mecanismo da compulsão para a repetição (segundo a linha psicanalítica).

Saliento, no entanto, que devido a diversos fatores limitantes (como o grau de "aquecimento" do paciente, seu nível de maturidade, a exiguidade de tempo etc.) um "ato terapêutico" completo não se realiza em apenas uma sessão, sendo necessário interromper-se momentaneamente o desenrolar do ato, assinalando para o cliente o que ocorreu até então e deixando a proposta para que seja retomado o tema na sessão seguinte, quando *necessariamente* será abordado o ponto interrompido na sessão anterior. Tal atitude tem por finalidade fazer que não se perca o eixo central do "foco", mantendo-o em evidência durante todo o desenrolar do processo terapêutico. Um recurso auxiliar do qual costumo me valer é deixar para o paciente uma "lição de casa", uma tarefa que o ajude a, sozinho, aprofundar-se no foco em questão.

3. REFORMULAÇÃO

É a última e, certamente, mais delicada etapa do processo de psicoterapia breve. Delicada porque, se as duas etapas já propostas exigiam experiência e talento do terapeuta, esta exige, além disso, capacidade télica.

Aqui é necessária mais uma vez a "capacidade empática" do terapeuta, pois é preciso "trocar de papel" com o cliente e, como no poema de Moreno, "vê-lo com seus próprios olhos", pois é nessa fase final do processo terapêutico que será elaborado e encaminhado um novo projeto de vida para o paciente.

Ao discutir o conceito de temporalidade em Bergson, Massaro (1984) diz:

> Para criar o futuro é preciso que algo lhe seja preparado no presente, e, como a preparação só pode ser feita utilizando-se o que já foi, a vida se empenha desde o começo em conservar o passado e antecipar o futuro; numa duração em que o presente, o passado e o futuro penetrem um no outro e formem uma continuidade indivisa.

Assim, essa etapa ocorre num *continuum* com a anterior, pois o papel social potencialmente mobilizado na fase de *resolução* será aqui solicitado a demonstrar seu desenvolvimento e "lapidado" em suas arestas. Isso significa que, na elaboração de um novo projeto, são fundamentais a análise crítica e o questionamento sucessivo a fim de nos assegurarmos da solidez das soluções propostas.

Trata-se de uma etapa em que, ao lado do trabalho dramático consistente em "realizações simbólicas" quanto ao seu futuro, o paciente também esperará do terapeuta alguma informação prática, simples e objetiva quanto ao caminho a percorrer sozinho daqui para a frente.

Se o terapeuta se perder em "orientações" deslocadas da realidade do cliente, estará incorrendo no mesmo erro citado por Laing (1978), quando afirma que "a confirmação ativa de *um falso eu* coloca a pessoa numa falsa posição. E quem se encontra em uma falsa posição sente culpa, vergonha ou ansiedade por não ser falso".

Tal situação tem, na verdade, a validade de uma desconfirmação, o que, obviamente, remeteria a pessoa mais uma vez ao poço de ansiedade e solidão que a levou à crise. É preciso estudar com o cliente os novos rumos de sua vida surgidos com a crise.

No trabalho de Massaro citado anteriormente, é apresentada uma técnica psicodramática que visa restaurar no cliente um sentido de futuro, isto é, ela propicia um clima no qual é possível estruturar um projeto. Tal técnica consiste em colocar almofadas, em intervalos regulares, diante do paciente e pedir-lhe que se desloque através delas. Para cada um desses deslocamentos é marcada uma posição futura e é solicitado ao cliente que "projete" sua mais provável situação de vida naquele momento. Ao adaptar essa técnica ao nosso propósito, poderemos substituir "os anos futuros" pelos prováveis futuros obstáculos com os quais o paciente deparará a caminho de sua meta.

Como no trabalho de psicoterapia breve, permitir um grau maior de liberdade implica também ressaltar, mais uma vez, a importância de não "atropelar" o cliente com sugestões e orientações descabidas, pois todo o processo poderá ruir.

O objetivo final é que, tendo recuperado seu papel social comprometido, o cliente saiba como desempenhá-lo em proveito próprio.

OBSERVAÇÃO IMPORTANTE

Para algumas pessoas é realmente muito difícil realizar uma dramatização em seu mais rigoroso contexto teatral.

A fim de contornar essa dificuldade, tenho utilizado, ao longo de todos esses anos, um recurso "emprestado" da psicologia analítica de Jung: a *imaginação ativa*. Esse recurso permite ao paciente relatar os fatos, tanto passados quanto futuros, sempre no tempo *presente*, como se a situação narrada estivesse ocorrendo *agora*, no momento da narração.

Outro elemento que pode acrescentar dinamismo a essa técnica é o proposto por Fonseca Filho em sua obra *Psicoterapia da relação* (2010): permitir ao próprio terapeuta assumir o "papel complementar" ao explicitado pelo paciente em sua narrativa.

Na verdade, o próprio Moreno realizava esse procedimento – que, em nosso meio, se tornou condenável em virtude da possibilidade maior de surgirem as chamadas situações transferenciais.

A psicoterapia breve, devido às suas particularidades, pode se permitir essas "transgressões da regra", visto seu caráter transitório e diretivo.

6 Psicoterapia breve grupal

DESDE O SURGIMENTO DA proposta de psicoterapia grupal, no início deste século, com os trabalhos do norte-americano Joseph Pratt com pacientes portadores de tuberculose, tem-se procurado uma forma de sistematizar o processo em várias abordagens.

A própria conceituação do que vem a ser a psicoterapia breve grupal encontra uma série de obstáculos com vários autores deixando que o termo "breve" signifique apenas um período mais curto de tempo que, para muitos, chega ao redor de um ano de duração!

Em consequência, a estimativa desse tempo de duração constitui o cerne da diferenciação entre a psicoterapia de grupo breve e o que os autores simplesmente chamam de psicoterapia de grupo.

Entre vários autores pesquisados, a afirmação mais comum é a de que os pacientes que entram em uma experiência terapêutica grupal visam obter redução ou eliminação de sintomas, mudanças expressivas na personalidade e ampliação da possibilidade de *insight*. Essa jornada ao bem-estar, em geral, consome meses ou anos e envolve todos aqueles que, dentro de um programa regular, voluntariamente frequentem um encontro contratado de pacientes com um terapeuta treinado para despertar e facilitar a expressão de conflitos internos e relacionais. Isso lhes permite aceitar a "doença" e "trabalhar" seus potenciais mais saudáveis, em uma *experiência emocionalmente corretiva*, interacional, reeducativa e prospectiva, focalizando dinâmicas individuais e relacionais em um espírito de confiança, mutualidade e confidência.

A psicanálise se torce e retorce tentando adaptar o método da associação livre e da interpretação do *setting* individual para o grupal, enfrentando uma série de dificuldades oriundas da própria metodologia empregada. Quando eles se propõem à psicoterapia breve grupal, as dificuldades se multiplicam, sendo inúmeros os trabalhos e escritos psicanalíticos que tentam encontrar uma justificativa metodológica para esse procedimento.

A afirmação feita com frequência pelos psicanalistas é a de que os pacientes submetidos a uma terapia breve, individual ou grupal, recebem, no melhor dos casos, uma terapia de apoio. De forma jocosa, chegam a afirmar que o que se faz é uma "transposição de sintomas", enquanto a verdadeira psicoterapia tem de ser, necessariamente, longa e exploratória, visando sempre a uma completa reformulação do indivíduo.

Há de se considerar, no entanto, que a proposta psicanalítica surgiu e continua sendo adequada para um contexto notadamente da clínica particular e não institucional.

Em um texto escrito por Oswaldo Ferreira Leite Netto, membro da Sociedade Brasileira de Psicanálise e diretor do Serviço de Psicoterapia do Instituto de Psiquiatria do HC-FMUSP, publicado no editorial do boletim desse instituto em fevereiro de 1997, fica clara a mudança de atitude:

A "revolução psicanalítica", expressão que se costuma usar para designar a sistematização de um conhecimento e de um método de investigação da intimidade das pessoas, iniciada por Freud há cem anos, tem a sua atualidade e seu poder não exatamente em termos de eficácia ou alternativa aos tratamentos médicos em modificar quadros clínicos e eliminar sintomas ou em explicar a etiologia de distúrbios mentais [...], mas sim despertar em seus praticantes e estudiosos a sensibilidade e a consciência para o íntimo e o pessoal nos relacionamentos humanos; a possibilidade de, se aproximan-

PSICOTERAPIA BREVE

do de pessoas as mais complicadas ou perturbadas e geralmente também sofredoras, indo ao encontro delas, procurarmos compreendê-las, com tolerância, compaixão, consideração, interesse e respeito.

Na instituição, o que se exige, cada vez mais, são métodos de ação terapêuticos ágeis e eficazes em curto prazo, uma vez que o paciente institucional, como é demonstrado em vários trabalhos, recorre à instituição apenas em caráter emergencial, pois é preciso "tocar a vida". Nesses trabalhos, nacionais e estrangeiros, fica evidenciado que o tempo médio de permanência de um paciente em terapia na instituição, seja ela de que metodologia for, é de cerca de três meses.

Isso implica reconhecer que a ênfase deve ser dada ao contexto social e pessoal do paciente e não às nuanças metodológicas e teóricas; em outras palavras, o foco de ação deve ser o *paciente* e não a *teoria*, como na própria psicanálise já afirmava Ferenczi, desde o início (motivo de sérias controvérsias entre ele e Freud, diga-se de passagem!).

A proposta básica que se apresenta, então, é a de um tratamento breve e/ou intermitente, baseado na reabilitação, na estabilização e no retorno à função (atividade produtiva profissional), associado a outras formas de tratamento, como medicação e terapia familiar, por exemplo. No atendimento à crescente demanda desses serviços de ajuda, torna-se mais necessário ainda ampliar o número de atendimentos mantendo-se a qualidade do serviço oferecido.

Como responder a essa demanda, atendendo um grande número de pacientes em um trabalho de qualidade, ágil e rápido, se a metodologia clássica não oferece possibilidades?

Uma das respostas possíveis parece se encontrar no método desenvolvido por J. L. Moreno, o psicodrama, pois este já nasceu grupal e breve (ou focal). Em seu primeiro trabalho oficial, publicado nos Estados Unidos em 1931, Moreno tratou de uma avaliação sociométrica de prisioneiros da famosa

"Prisão de Sing Sing"; antes disso, uma notícia no *New York Times*, em 1929, informava sobre a utilização do "teatro da espontaneidade" em educação. Em suas ideias originais, Moreno não podia compreender o indivíduo isolado de seu meio, principalmente o familiar. Em 1945, ele comparou a doença puramente física ao transtorno psicológico, mostrando as influências que um desajuste pessoal causa no grupo de convivência e como os desajustes do grupo levam a desorganizações pessoais.

Todo o psicodrama se baseia nesses fundamentos e, embora tenhamos sofrido, aqui no Brasil, uma enorme influência da psicanálise e transformado o método psicodramático em uma psicoterapia processual em longo prazo, sua origem moreniana (como pode ser claramente observado em seus "protocolos") propõe um trabalho psicoterapêutico de curto prazo e acentuadamente focal.

E para que se possa trabalhar em grupo mantendo um foco é preciso seguir com rigor alguns procedimentos, desde a seleção dos pacientes até a atenta manutenção do eixo de desenvolvimento do processo terapêutico em si.

O conceito de *protagonista*, que Moreno só adotou oficialmente por volta de 1950, define bem o papel daquele que, em um grupo, expressa a angústia de todos os seus membros.

E é com base nesse conceito que se pode organizar um processo focal de psicoterapia grupal. Isso porque, ao se compor um grupo psicoterapêutico, deve-se ter em mente que a evolução só se dará favoravelmente se, a *cada* sessão, *todos* os integrantes do grupo estiverem, de fato, se tratando.

Baseados no conceito de coinconsciente descrito por Moreno, podemos observar que, quando um elemento do grupo é "trabalhado", todos os outros, se devidamente "aquecidos", entram em sintonia com o parceiro em foco, trazendo à tona seus próprios conceitos adormecidos no inconsciente. A figura a seguir ilustra esse processo de modo sucinto:

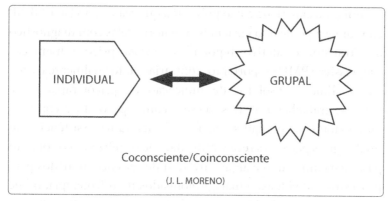

Figura 4

Assim é que, como grande elemento facilitador dessa abordagem, a utilização de temática predefinida é a opção preferencial de trabalho. Isso é mostrado pela grande maioria de artigos publicados sobre a psicoterapia breve grupal, que tem temas predefinidos com vestibulandos (aliás, meu primeiro trabalho em psicoterapia breve, apresentado nos exemplos clínicos, mais adiante), obesos, "tomadores crônicos de ansiolíticos", gestantes, adolescentes grávidas, portadores do vírus HIV etc.

Por outro lado, minha experiência pessoal no trabalho em instituição demonstrou que é possível atuar com grupos sem um tema predefinido, porém mantendo-se um contrato de duração e metas previamente estabelecidas, com o objetivo mais amplo de alcançar um "bem-estar" comum. Nesses grupos, cujo tempo de duração variava de 10 a 12 semanas, verifiquei que o nível de faltas e desistências reduziu-se praticamente a zero, passada a fase inicial do grupo. Alguns pacientes desistem da proposta grupal muito provavelmente devido às suas dificuldades pessoais de relacionamento interpessoal. Porém, não poucos pacientes com diagnósticos severos, até mesmo psicóticos, se mantiveram presentes no grupo até o seu final, beneficiando-se bastante da colaboração encontrada nos demais integrantes do grupo.

Em uma experiência não publicada que realizei no HCFMUSP com um grupo de oito pacientes, a maioria deles com diagnóstico de "transtorno afetivo bipolar", a antiga psicose maníaco--depressiva (PMD) – portanto, contrariando formalmente os critérios clínicos absolutos de indicação de psicoterapia breve (PB) –, trabalhei por três meses, com opção de recontrato. Funcionou com pouquíssimas faltas e nenhuma desistência. No final, alguns pacientes receberam alta, outros refizeram o contrato para mais um grupo e alguns tiveram de ser encaminhados para processos individuais e mais prolongados de psicoterapia, o que era de esperar, devido à gravidade de seu quadro clínico--psiquiátrico. Há de se ressaltar, porém, que mesmo pacientes com diagnóstico de quadro psicótico se beneficiaram do processo, embora seu vínculo com o terapeuta e a instituição permaneça até hoje, passados 15 anos dessa experiência.

Seguindo o princípio básico deste livro, o de ser um pequeno manual técnico-teórico, podem-se classificar as psicoterapias breves grupais da mesma forma que as individuais, ou seja, de apoio, mobilização e resolução.

A *psicoterapia breve de apoio* constitui-se em excelente abordagem para pacientes clínicos ou cirúrgicos em um hospital geral, no qual recebem, além do óbvio apoio psicológico, orientações e esclarecimentos acerca de sua doença. Segue-se quase o mesmo esquema proposto por Pratt com pacientes portadores de tuberculose, tendo-se aqui, no entanto, um cuidado maior nos aspectos psicodinâmicos que surjam no decorrer do processo. O tempo definido (de um a dois meses de duração) e o objetivo determinado (clareamento e esclarecimento sobre sua doença e os procedimentos médico-cirúrgicos que serão ou estão sendo administrados aos pacientes) caracterizam a psicoterapia breve, sendo o enfoque básico *psicopedagógico.*

Em um trabalho realizado por uma equipe da Faculdade de Ciências Médicas de Arkansas, nos Estados Unidos, Kashner *et al.* (1995) descrevem a eficácia da psicoterapia de grupo breve no sentido de melhorar a saúde de pacientes com transtornos de somatização. Nesse estudo, realizado sob os rigorosos controles metodológicos e científicos americanos, ficou demonstrado que não apenas houve melhora do estado geral dos pacientes como (numa preocupação tipicamente americana) redução dos custos médicos com esse procedimento.

Em nosso meio, o livro *Reconstruindo uma vida*, de Gerónima Aznar e Edith Elek (1995), relata a emocionante experiência na qual uma paciente portadora de câncer de fígado (Gerónima), vivendo todas as vicissitudes de longas internações no Hospital das Clínicas da FMUSP, procura (e encontra) conforto em uma terapia breve de apoio realizada com uma profissional especializada (Edith).

Ainda nessa modalidade de psicoterapia breve, a psicóloga Cynthia E. Ferreira-Santos (1991) realizou no Instituto do Coração do Hospital das Clínicas da FMUSP (Incor) um excelente estudo aplicando recursos psicodramáticos, principalmente a *"realização simbólica"*, na preparação de pacientes para cirurgias cardíacas. Trabalhando tanto em atendimentos individuais quanto grupais, os pacientes eram dirigidos a "montar cenas" que representassem situações temidas perante a cirurgia e o pós-operatório.

Nos trabalhos de *psicoterapia breve de mobilização*, o procedimento é bem mais suave e planejado, pois será realizado com pessoas reconhecidamente resistentes, cujo grau de fragilidade egoica deve ser avaliado a fundo. O processo deve iniciar-se, depois de cuidadoso contrato com os pacientes, com exercícios simples de relaxamento e vivências internas dirigidas (algo parecido com a imaginação ativa dos junguianos, porém em grau de profundidade compatível), seguidos de esclarecimentos e clareamentos acerca do que é psicoterapia, a que se propõe, como é conduzida, exercícios grupais de interação e, como finalização, a escolha de um protagonista verdadeiro, para demonstrar a técnica e o desenvolvimento do processo. A duração

EDUARDO FERREIRA-SANTOS

deve restringir-se a seis ou oito encontros (um mês e meio a dois meses, portanto).

Na *psicoterapia breve resolutiva*, como o próprio nome já diz, o objetivo é a resolução da problemática apresentada pelos pacientes, sendo o tempo determinado pela média histórica de permanência de pacientes institucionais em psicoterapia, que é de cerca de três meses de duração, ou seja, por volta de 12 sessões. Nos grupos com temática predefinida (gestantes, portadores de HIV, fóbicos, por exemplo) o foco centraliza-se, obviamente, no tema proposto e nas ramificações psicodinâmicas e sociodinâmicas que dele advêm. Para o sucesso desse tipo de terapia, reafirmo a necessidade de eleger, a cada sessão, um verdadeiro protagonista, isto é, aquele que expresse o drama grupal, com quem todos possam se identificar e, portanto, tenham seus aspectos pessoais trabalhados simultaneamente ao psicodrama realizado com o eleito. Daí, também, a grande importância do comentário compartilhado (o clássico *sharing*) ao final de cada sessão.

Em um trabalho bastante interessante, a psicóloga goiana Vannúzia Peres apresentou, no Simpósio de Psicoterapia do XIII Congresso Brasileiro de Psiquiatria, realizado em Caldas Novas (GO), em 1994, o relato da experiência realizada na Clínica de Psicologia da Universidade Católica de Goiás, em que afirmou a importância de cada instituição encontrar a melhor forma de atender à demanda de seus pacientes, por meio de uma pesquisa prévia com essas pessoas sobre suas reais necessidades e expectativas diante da instituição.

Respeitando essa proposta, que muitas vezes esbarra em dificuldades apresentadas pela própria instituição, cabe a cada centro ou posto de saúde, ambulatório de saúde mental ou hospital psiquiátrico elaborar esquema de atendimento próprio, embora eu acredite que um esquema ideal para o atendimento à maioria das instituições deva ser desenvolvido de acordo com o que segue.

Após uma triagem inicial, em que se avaliam as reais possibilidades de participação em um programa de psicoterapia breve grupal, os pacientes são encaminhados para início imediato do processo. Nessa triagem, os aspectos a ser observados são os mesmos definidos em capítulos anteriores para a indicação de psicoterapia breve, acrescidos de uma relevância maior no tocante à possibilidade de interação interpessoal, tendo como contraponto a necessidade institucional de atender a maioria de seus pacientes. Àqueles que, de imediato, absolutamente não se indica a psicoterapia breve grupal, vale tentar um trabalho de mobilização e posterior reavaliação.

Para os que se destinam ao grupo, o início imediato é o grande fator de cura ou melhora, pois impede os mecanismos de estruturação do quadro crítico apresentado.

Durante todo o processo, repito, deve-se manter o foco na eleição do protagonista pelo grupo, devendo o terapeuta intervir sempre que alguém se apresentar para o trabalho trazendo questões que estejam mais a favor da resistência do que da solução da dinâmica. Para tanto, é necessária a experiência do terapeuta/diretor para detectar esses possíveis vieses de ação e intervir adequadamente.

Ao final do processo, os pacientes podem ser enquadrados em uma destas três possibilidades:

1 alta;
2 recontrato para mais um grupo de psicoterapia breve;
3 encaminhamento para psicoterapia prolongada individual ou grupal.

Em minha experiência, mostrou-se bastante eficaz a manutenção de um grupo aberto de psicoterapia, ocorrendo paralelamente aos grupos de terapia breve, para o qual serão encaminhados os pacientes remanescentes do grupo que recaíam nesse critério de indicação. Mesmo nesse grupo, após algum tempo, muitos pacientes acabam tendo alta.

Em um trabalho experimental que realizei no HC, alguns dos grupos de psicoterapia aberta se transformaram em *grupos de auto-ajuda*, reunindo-se toda semana sem a presença do terapeuta. Isso foi muito benéfico para alguns pacientes, pois eles se organizaram para se ajudar mutuamente, indo ao cinema, às compras, procurando emprego ou mesmo um local para morar. Aliás, essa ideia não é original, pois o próprio Moreno já havia pensado nisso em seus trabalhos iniciais, ainda em Viena, quando defendia a ideia da participação do terapeuta apenas como um fator de aquecimento para que o grupo social encontrasse sozinho a solução de seus problemas.

Fora do círculo psicodramático, Moreno é raramente lembrado e, de fato, quase nunca citado em publicações, sabe-se lá por quê. Por isso, Kurt Lewin é considerado, por muitos autores, o precursor dos chamados *grupos de encontro* por sua experiência na realização de um painel de debates entre líderes comunitários sob uma situação de tensão inter-racial, em Connecticut, nos Estados Unidos, em 1946. Lunde (1978) assim se refere a essa experiência:

> O que começou como técnica educacional para auxiliar pessoas normais a lidar com um problema social específico transformou-se em método geral para ajudar grupos de pessoas psicologicamente sadias a se tornar mais sensíveis a outras pessoas e a seus próprios sentimentos.

Assim, a psicoterapia breve grupal pode se constituir em um quarto tipo de psicoterapia, além das já citadas, que poderíamos chamar de psicoterapia breve de suporte – ou, criando um neologismo, *psicoterapia breve suportiva*. O termo "suporte" é aqui empregado com um sentido muito mais amplo do que seu sinônimo "apoio", pois além de compreender esse tipo de ação tem um caráter bem mais abrangente. Também dá apoio efetivo à pessoa necessitada e abre seus horizontes pessoais e relacionais, mobilizando-a para uma reflexão interna e facilitando seu desenvolvimento na dialética da relação ajudado-ajudador.

Nesse aspecto, o Grupo de Apoio Psicoterápico para Pacientes de Câncer (ReVida), em São Paulo, criado com base na soma de experiências tanto do lado do ajudador quanto de pessoas que passaram por algum tipo de câncer e precisaram de ajuda (que a medicina tradicional não soube oferecer), é um exemplo espetacular desse tipo de abordagem.

Coordenado pelo psicólogo Edmundo Barbosa e pelas ex-pacientes de câncer Edith Elek, Vera M. B. Palma, Maria Edirle Barroso, Ruth Rejtman e Virgínia Garcia de Souza (todas com formação universitária em várias áreas e especialização em técnicas de suporte ao paciente portador de câncer), o ReVida apresenta um excelente programa de quatro a seis meses, seguindo uma dinâmica específica, ancorado em várias abordagens psicoterapêuticas e cuidadosamente planejado para dar suporte emocional a pacientes portadores de doenças neoplásicas em momentos difíceis, ao mesmo tempo que prepara seus participantes para mudanças e transformações profundas, tendo como objetivo final a busca de melhor qualidade de vida.

7 Farmacopsicoterapia
(Uma possibilidade de ação para os novos tempos)

HÁ POUCO TEMPO, AO ver uma charge do Luis Fernando Verissimo no jornal *O Estado de S. Paulo*, em que um pai ameaçava o filho de escrever para o Papai Noel contando suas travessuras, ao que o filho exclamou: "Escrever, por quê? Papai Noel ainda não está na internet?!", levei um susto e percebi, não sei se tardiamente, que o mundo havia mudado...

E essa mudança, passei eu a observar, se operava em todos os campos do conhecimento, das comunicações à imagem diagnóstica por computador.

E a nossa psiquiatria, particularmente a psicoterapia, presa a conceitos quase todos datados da passagem do século XIX para o XX ou, no máximo, da primeira metade do século XX, estaria imune a essas mudanças?

Pouco depois, ao participar do XIII Congresso Brasileiro de Psiquiatria, em Goiás, pude perceber que grandes mudanças estavam acontecendo. A psiquiatria chamada de biológica ocupava quase todos os espaços, inclusive com um minicongresso particular, premiações por trabalhos e uma badalação danada, de dar inveja!

À psicoterapia ficaram reservados poucos espaços, todos com frequência elevada, porém com seus velhos discursos e poucos resultados. Como psicoterapeuta, senti-me o "primo pobre", aquele que nunca havia visto a cidade grande e suas "modernidades".

Lembrei-me, também, de diversos artigos publicados na imprensa leiga nos últimos anos, todos apresentando a psicoterapia, quando não de forma irônica, como um método de eficácia duvidosa e extremamente onerosa.

Confesso que a minha primeira vontade foi negar aquilo tudo e simplesmente atribuir ao poder econômico todo esse movimento. Resolvi, porém, procurar uma solução mais saudável que a simples racionalização e passei a observar melhor os fatos e acontecimentos.

Notei que a minha prática e conduta terapêuticas já haviam mudado, sem que eu me desse conta. Foi um grande susto!

Já há muitos anos venho me dedicando à psicoterapia breve, sistematizando um processo terapêutico adequado à prática hospitalar e ao momento econômico que vivemos (sempre conturbado).

Nesse trabalho, que foi comparado a uma "campanha de guerrilha" por Fonseca Filho, todos os recursos disponíveis são válidos, desde que se atinja o objetivo pretendido, ou seja, o auxílio, a ajuda ao paciente em sofrimento.

O próprio Fonseca Filho, em seu *paper* apresentado no I Simpósio de Psiquiatria Psicodinâmica, realizado pelo Serviço de Psicoterapia do Instituto de Psiquiatria do HC-FMUSP, em São Paulo, em 1996, afirmou:

A psicoterapia, em seu sentido genérico, como prática que se propõe a ajudar pessoas com sofrimentos psicológicos, mesmo que com distúrbios orgânicos (psicoterapia de pacientes com câncer, de coronarianos ou mesmo de doentes mentais de causa orgânica ou bioquímica), se adaptará às novas ordens científica, cultural e econômica. Entre elas existe a tendência de comprovação científica (matemática) de resultados, mesmo que para isto se empreguem somente os critérios das ciências físicas ou biológicas e não, também, os das ciências humanas, onde as psicoterapias estão igualmente inseridas. Esta é uma pressão que, apesar dos protestos em contrário, implantará na psicoterapia do século XXI uma política de resultados. Outro fator de pressão para "resultados" situa-se na tendência do mundo ocidental, especialmente do Primeiro

Mundo, de submeter o atendimento médico aos seguros-saúde. Desta forma, as psicoterapias ficarão atreladas às companhias de seguro, privadas ou públicas, que exigirão psicoterapias breves, resultados objetivos e pouco dispendiosos.

Alexander, que pode ser considerado o precursor dessa postura, já afirmara, em 1940, a necessidade de inserir métodos alheios à própria estrutura teórica da psicanálise com a finalidade de minimizar a dor de quem nos procura. Antes dele, Ferenczi já pensava assim.

Por que, então, permanecer refratário a essas *novas ideias* que, como podemos observar, não têm nada de novo? Apenas uma nova amplitude está sendo dada ao conhecimento. Da atitude ativa de Ferenczi às massagens e flexibilizações terapêuticas propostas por Alexander surge agora uma enorme possibilidade de ação com os novos psicofármacos. Vera Lemgruber, psicóloga e psiquiatra, coordenando uma mesa-redonda no XIII Congresso Brasileiro de Psiquiatria, realizado em 1994, em Goiás, afirmou que há um grande movimento de psicólogos americanos visando ter maior acesso a informações, conhecimentos e, até mesmo, à prática da utilização de medicação em seus tratamentos. O próprio uso, hoje comum, de medicações "alternativas", como os florais de Bach, por um grande número de psicólogos revela essa tendência.

O que há realmente de novo nesse campo é que, desde 1952, quando surgiram os primeiros e revolucionários trabalhos sobre a clorpromazina, uma quantidade enorme de descobertas tem se apresentado em psicofarmacoterapia.

Os inibidores seletivos da recaptação da serotonina (ISRS) são um exemplo marcantemente espetacular dessa nova revolução – não tanto pela ausência ou minoração dos efeitos colaterais das drogas em relação às suas antecessoras, mas pela sua amplitude de ação que, de maneira extraoficial, escapa das indicações clássicas dos quadros depressivos.

PSICOTERAPIA BREVE

Mais recentemente ainda, em uma velocidade espantosa, acompanhando as pesquisas bioquímicas que, a cada dia, descobrem novos neurotransmissores e neurorreceptores, a indústria farmacêutica apresenta mais um tipo de psicofármaco, o Nassa (antidepressivo noradrenérgico e serotonérgico específico), procurando aumentar a eficácia terapêutica e reduzir os efeitos colaterais dessas medicações.

Ficamos, no entanto, ilhados nessa plêiade de conhecimentos. Talvez influenciados pelos movimentos ditos alternativos dos anos 1960, como a "antipsiquiatria" de Cooper e Laing, assumimos altaneiramente a bandeira cartesiana da dicotomia mente- -corpo, mente-cérebro, abandonando a parte biológica que compõe, indiscutivelmente, o indivíduo, a pessoa.

É fato constatado que o comportamento do indivíduo influencia os processos bioquímicos cerebrais, havendo evidência crescente de que processos psicossociais provocam alterações nos mecanismos neuroquímicos dos indivíduos.

Michael McGuire, um psiquiatra da Califórnia, liderou uma equipe de pesquisa que avaliou a hierarquia de dominância em bandos de macacos *vervet* cativos.

Os pesquisadores notaram que, em cada bando, havia um macho com níveis séricos de serotonina bem elevados, cabendo a esse macho o papel de liderança do bando. Em continuidade à pesquisa, o macaco líder era afastado de modo temporário do grupo e constatava-se que seu nível de serotonina decrescia consideravelmente, assim como aumentava o nível de serotonina de quem assumisse a liderança nesse ínterim. Quando retornava ao bando, em pouco tempo os níveis de serotonina voltavam aos padrões iniciais, assim como se restabelecia a hierarquia de dominância.

Em outro estudo complementar, ministrou-se ao macaco que assumiu a liderança na ausência do líder nato uma medicação (ISRS) que mantinha elevado o nível de serotonina, mesmo quando do retorno do líder original. Pois não é que este assumiu seu antigo papel de liderança, mostrando que há outras características envolvidas na organização social que não apenas a serotonina!

Muito embora tenham 90% de estrutura genética coincidente, pessoas não são macacos, é claro, mas esse experimento serve de base para compreendermos de forma mais verdadeiramente integrada a definição de ser biopsicossocial do homem.

Dr. Roger Sperry, cientista americano ganhador do Prêmio Nobel de Fisiologia e Medicina de 1981, apontou o determinismo bidirecional como a nova maneira de agir contra a antiga contradição mente *versus* cérebro, procurando quebrar o anacrônico paradoxo irreconciliável à medida que agrega as funções psíquicas como epifenômenos do funcionamento neuronal aos macroprincípios modernos de causalidade mental, exatamente por meio da visão inegável de interação como a demonstrada no experimento de McGuire.

Na esfera psiquiátrica, nesse momento de possível reconciliação, exige-se uma visão de síntese entre os campos científico, matemático e histórico. Os conhecimentos filosóficos, tecnológicos, psicológicos e biológicos devem permitir tratar o ser humano como um todo indissolúvel. Ao tratarmos de pessoas em sofrimento mental, não podemos incorrer no mesmo erro de muitas especialidades médicas que se esquecem do indivíduo para concentrar-se em seus órgãos ou patologias; é preciso redimensionar o pensamento para a equação etiológica, cuja resultante será sempre a função de diferentes vetores: os constitucionais (genéticos, hereditários), os emocionais (intrapsíquicos e relacionais) e os ambientais (desencadeantes incidentais externos).

No plano gráfico, é como imaginar um poliedro tendo cada uma dessas linhas de conhecimento em seus vértices, e a pessoa, como um holograma, alocada no ponto nodal do sistema (o chamado "centroide").

Assim, a verdadeira ação terapêutica, aquela que visa de fato oferecer ajuda a quem a ela recorre, não deve, a meu ver, estar presa a modelos políticos, econômicos ou mercadológicos nem

PSICOTERAPIA BREVE

permitir que desacordos ideológicos intensos e radicalizados nublem a visão da pessoa em sua constituição biopsicossocial, global. E essa é uma postura biológica em essência, pois aceita integralmente a equação genética de que o fenótipo deriva da interação de agentes genotípicos com os paratípicos.

Não há dúvida, entretanto, de que esse desenvolvimento sempre crescente e renovador de teorias e métodos produza de imediato uma desorientação. A solução, porém, não é, como eu disse no início desta explanação, negar os fatos e ignorar as novas produções, refugiando-se em encastelamentos teóricos sedutores e facciosos. O cenário psicoterapêutico recente, ainda que permita divagações teóricas da mais alta qualidade científica e cultural, abre cada vez mais espaço para uma ação incisiva contra o sofrimento humano. Essa heterogeneidade, embora se apresente muitas vezes caótica, representa, na verdade, um movimento eclético, crítico em seu desenvolvimento. É, de fato, uma crise de desenvolvimento bastante positiva, pois deve resultar, se assimilada e incorporada com competência e comprometimento, numa ampliação significativa da prática psicoterapêutica.

O terapeuta moderno, o verdadeiro agente de "ajuda", deve estar atento à variedade técnica, incorporando todo esse arsenal em prol de seu paciente, desenvolvendo um estilo próprio de relacionamento com cada um de seus pacientes, ajudando-os a conscientizar-se das várias microestruturas responsáveis por seus comportamentos, sentimentos, desejos e reações. Devem aprender juntos a manejar essas diferentes peças de uma estrutura extremamente complexa, que necessitam ser equilibradas em seu benefício.

A evolução da ciência médica, que ainda chegará a integrar claramente os conceitos de mente e cérebro, aliando a descoberta de novas drogas psicoativas a processos psicoterapêuticos eficazes, permitirá prestar ajuda adequada às pessoas em sua busca (muitas vezes desesperada) de si mesmas.

A postura aberta da psicoterapia dialógica proposta por Hycner (1995) deixa em aberto a questão de qual caminho escolher para melhor ajudar cada um dos diferentes pacientes que se nos apresentam, focando o trabalho muito mais na *pessoa* do que na *teoria* que temos aprendido, embora esta última nos sirva de guia pelo caminho percorrido.

Quase todos os psicoterapeutas criadores de linhas de pensamento, como Freud, Moreno e até o grupo de Palo Alto (das teorias de comunicação na gênese da esquizofrenia) como Bateson e colaboradores, deixaram em seus escritos uma porta aberta para o biológico.

J. L. Moreno, para citar alguém que me é familiar, tem na espontaneidade o pilar de suas ideias, definindo-a genericamente como a capacidade de um indivíduo enfrentar adequada e livremente cada nova situação que se lhe apresente.

Embora Moreno se contradiga em muitos pontos de sua teoria do psicodrama, ele acreditava em um fator *e* como responsável por essa aptidão, que conteria em si numerosos elementos inatos e aprendidos. Não poderia ser um dos fatores inatos a capacidade de produzir esta ou aquela catecolamina em quantidades diferentes? A dificuldade no exercício da espontaneidade estaria tão somente relacionada aos fatores psicossociais? Ou, talvez, a base da espontaneidade não seria a quantidade, digamos, de serotonina que o indivíduo está habilitado a produzir?

Assim como nas experiências com os macacos *vervet*, a serotonina não é o todo, não é suficiente para explicar os fenômenos, mas não será necessária? À luz de minha compreensão atual, acredito que sim!

Acredito em um potencial biológico, geneticamente herdado, semelhante à produção de melanina na determinação da cor da pele, uma herança poligênica multifatorial, que permite diferentes gradações de uma mesma característica. Até casos extremos, como a depressão endógena ou a esquizofrenia, se enquadrariam nesse esquema, assemelhando-se ao "albinismo".

Seria, então, repito, esse potencial biológico *necessário, mas não suficiente* para determinar o modo de ser de cada indivíduo.

PSICOTERAPIA BREVE

Um pequeno exemplo ilustrativo dessa integração ocorreu com um paciente meu, "encalacrado" em uma situação vivencial difícil, de término de um casamento e início de outro relacionamento. Tamanha se tornou sua aflição, sua hesitação perante atitudes aparentemente intransponíveis em sua vida pessoal, que não tardaram a surgir severos comprometimentos em sua performance profissional. Depois de algum tempo avaliando, descobrindo, redimensionando traços dinâmicos de sua história, o processo todo se tornava compreensível, porém a ação ainda era impossível. Resolvi introduzir uma medicação, um ISRS, e, surpreendentemente, em poucos dias, aquele ponto de "derrapagem", aquela hesitação inexplicável se desfez e um progresso notável se sucedeu.

Depois da suspensão da medicação, que mantive por cerca de três meses, mostrou a possibilidade de, passado aquele ponto crítico, ocorrer um grande desenvolvimento pessoal.

Por outro lado, uma paciente que optou por apenas tomar a mesma medicação, mas sem acompanhamento psicoterapêutico, procurou-me algum tempo depois devido aos movimentos não direcionados que tomara em sua vida, gerando uma série de novas dificuldades.

Embora sejam apenas dois sucintos exemplos de uma quantidade numerosa de pessoas que pude socorrer tanto em ambiente hospitalar quanto na clínica particular, eles demonstram a importância da utilização de metodologia adequada para cada caso.

As drogas legítimas, assim como as "drogas de rua", não podem ser usadas com abuso ou indiscriminação, particularmente em casos como os que acabei de descrever – em que não há um diagnóstico formal de alguma patologia psiquiátrica maior, pois seus efeitos se aproximam.

Há questões éticas envolvendo o uso de medicação com funções, digamos, cosméticas, mas as opiniões divergem tanto que não caberia, neste contexto, discutirmos o tema. Vale apenas questionar como pode a ideologia interferir no conhecimento e em sua aplicação, lembrando exemplos tornados públicos pela antipropaganda comunista, da utilização, na extinta URSS, de critérios de classificação de doença mental para discordâncias ideológicas.

Por fim, vale a pena voltar ao princípio biológico que reza ser o *fenótipo* o resultado da interação do *genótipo* com o *meio ambiente*. Um ou outro predomina em uma ou outra situação, mas sempre estão presentes os dois. Por que nos processos psicológicos seria diferente?

Na teorização de minha prática psicoterápica, vejo a *farmacoterapia* (agindo no biológico) e a *psicodinâmica* (agindo no psicológico) exatamente como duas retas paralelas: não se encontram no mesmo momento, porém caminham na mesma direção e sentido, havendo um ponto no infinito em que se cruzam. Enquanto vasculho a alma da pessoa em suas dinâmicas e defesas, procuro dar o suporte basal à sua estrutura caracterológica ou de temperamento por meio da ação de medicamentos de uso controlado e temporário que não só facilitam o desenvolvimento do processo como permitem alcançar da forma mais rápida e eficaz os pontos de equilíbrio necessários.

Questiono a postura de que se deva manter o paciente sob angústia ou ansiedade para precipitar a resolução de um conflito. Isso pode ser válido, em um primeiro momento, para a localização ou o diagnóstico do foco conflitivo; mas deixar permanecerem esses sentimentos sintomáticos me soa como o dentista que não dá anestesia apenas para se localizar em que pontos está tocando, já sabendo quais são eles. Puro sadismo!

Há, no entanto, de manter bem clara essa distinção, pois é mais fácil "medicar" e se livrar da dificuldade de lidar com a angústia do que caminhar empaticamente ao lado do paciente em seu sofrimento.

Isso implica que o uso da medicação, como já vimos, não pode ser aleatório e indiscriminado, obviamente. É preciso estar atento para as

PSICOTERAPIA BREVE

reais indicações e contraindicações, não apenas no sentido farmaco-dinâmico mas também psicodinâmico. O passo anterior a esse discernimento está, a meu ver, no correto diagnóstico da situação que se apresenta. Diagnóstico esse que não seja uma simples "rotulação", mas uma compreensão global da pessoa em seus múltiplos aspectos, do psicopatológico e sindrômico ao psicodinâmico e sociodinâmico.

Como no clássico "modelo médico", o tratamento só se impõe depois do diagnóstico preciso do mal que acomete o paciente, avaliando todos os efeitos positivos e negativos da terapêutica em cada caso particular.

Mantendo o foco sempre no bem-estar do paciente, muitas vezes somos levados a recorrer a métodos mais drásticos. Em alguns casos absolutamente graves de TEPT, com intenso sofrimento psicológico e incapacidade total para o desempenho de atividades sociais e laborativas, resistentes à psicoterapia e à farmacoterapia, obteve-se sucesso apenas após a aplicação de algumas sessões de estimulação magnética transcraniana, sob os cuidados do dr. Felipe Fregni.

Como *psicoterapeuta*, vejo na resolução dos conflitos a saída para a saúde; como *médico*, não posso deixar de considerar os processos anatômicos e fisiológicos envolvidos nessa problemática, seja como causa, efeito ou coadjuvante da plasticidade sintomática; como *pessoa*, vejo o ser humano muito além de mecanismos psicológicos ou biológicos, englobando-os e transcendendo-os, tornando o todo muito maior que a mais pura soma de cada parte e de seus subconjuntos.

Talvez nem mesmo o biopsicossocial consiga explicar essa complexidade vivencial, inédita em cada experiência individual.

Genes, neurotransmissores, mecanismos de defesa, espontaneidade, pensamentos, sensações, percepções e emoções... Algo que parece muito além das simples palavras!

Quero encerrar este capítulo fazendo apenas uma citação de Peter Kramer (1994) que, acredito, sintetiza meu pensamento sobre tudo que já foi dito:

Talvez seja melhor imaginar que estejamos numa fase de transição. Nossa angústia e melancolia flutuantes parecem-se cada vez menos com sinais de nosso dilema existencial. Mas nada do que possamos aprender sobre nossa neurofisiologia ou nossa natureza animal negará a possibilidade de transcendência do homem. Continuamos naufragados, talvez mais perdidos do que nunca, precisamente porque somos menos capazes de sentir nosso afeto como um guia para nosso estado moral. Apesar de nossa noção de suas limitações, podemos nos voltar mais do que nunca para a psicoterapia, introspecção ou espiritualidade.

8 Protocolo clínico

CASO FERNANDA

FERNANDA, 31 ANOS, FORMAÇÃO universitária completa, divorciada, veio procurar-me com a seguinte queixa: "Estou para me mudar para a Europa, porém existem certas coisas que me impedem de ir, embora eu esteja firmemente decidida. Resolvi fazer terapia para solucionar essas questões e partir o mais rápido possível".

Dotada de excelente capacidade intelectual, Fernanda faz um longo relato de sua vida, articulando vivências objetivas e subjetivas com precisão e desembaraço.

Deixa transparecer, no entanto, um estado emocional alterado, com nível de ansiedade bastante elevado, o que se revela em sua postura corporal encolhida e no gesticular constante e nervoso de suas mãos, além de fazer referências vagas a sintomas corporais transitórios (cefaleia, tontura etc.).

No decorrer da entrevista, fica claro que "certas coisas que a impedem de ir para a Europa" são o vínculo que Fernanda mantém com a mãe, que possui traços de atuação e manipulação de ambas as partes.

Delineio, então, o perfil diagnóstico de Fernanda, avaliando-a como pessoa com razoável grau de espontaneidade (devido ao relato de inúmeros fatos e obstáculos que enfrentou e ultrapassou em sua vida), com boa estruturação intelectual (ainda que em detrimento da emocional), vivendo situação específica de ansiedade diante de um obstáculo de natureza emocional (o vínculo com a mãe) que a impede de atingir uma meta de vida previamente projetada.

No final dessa primeira entrevista, exponho-lhe essas observações e discuto com ela a proposta de desenvolver um trabalho de terapia breve nos próximos dois meses – período que lhe parece razoável aguardar para a partida –, com a realização de duas sessões semanais com duração de 50 minutos cada uma.

COMENTÁRIO SOBRE A ENTREVISTA

Com as informações dadas por Fernanda nessa primeira entrevista, procurei sistematizar um quadro diagnóstico global que permitisse a indicação de um processo de psicoterapia breve.

Assim, em primeiro lugar, formulei um *diagnóstico clínico (fenomenológico)*, em que atribuí seus sintomas físicos à elevada ansiedade e esta a uma reação emocional a um conflito existencial objetivo (perante um obstáculo à concretização da meta volitiva, desencadeou-se um conflito que, ao ameaçar os mecanismos habituais de adaptação e defesa, permitiu o afloramento de material inconsciente potencializador do obstáculo), fato que caracterizou uma situação de *crise*.

O início recente e a ausência de sintomatologia neurótica ou psicótica (bom nível de captação da realidade, desembaraço e eloquência de discurso, história de vida coerente e compreensível, visões retrospectiva e prospectiva firmes e claras, funções psíquicas estruturalmente íntegras) confirmam o diagnóstico de *quadro reativo situacional*.

Num segundo nível, avaliei os traços fundamentais da personalidade de Fernanda tendo em vista distinguir suas potencialidades e limitações caracterológicas com o intuito de conceituar sua parte potencialmente saudável e delimitar as bordas do "foco" para a ação terapêutica.

Nesse sentido, constatei que a paciente apresenta boa capacidade de intelectualização e excelente nível de elaboração – caracterizando como "parte saudável" a função *mente*. Além disso, denota boa capacidade de criação, elaboração, comunicação e expressão de conteúdos internos, sendo capaz de planejar e exe-

PSICOTERAPIA BREVE

cutar atos no ambiente externo, embora tenha traços de *insatis-fação* e manifestações somáticas como defesa, o que caracteriza, no referencial teórico do psicodrama, a organização parcial do papel do *ingeridor*. Com o reconhecimento da parte potencialmente sadia da paciente, é possível estruturar a *aliança terapêutica*.

Acreditando ser fundamental o estabelecimento desse vínculo terapêutico já nos primeiros contatos com a paciente, dirigi parte da entrevista para a evidenciação de aspectos intelectuais e racionais, valorizando sua capacidade de *pensar* sobre as coisas e alertando-a para os perigos (prejuízo de outras funções) e os benefícios (articulação, elaboração e capacidade de *insight*) de sua potencialidade.

Finalmente, o terceiro nível de diagnóstico, o *psicodinâmico*, estabeleceu o eixo do "foco" a ser trabalhado com Fernanda. Desse modo, foi possível perceber que o conflito atual "separar-se da mãe" tem raízes em situações mais antigas, cuja evolução manteve Fernanda presa a uma ligação simbiótica, provavelmente devido à rudimentar formulação de papéis, com desgaste emocional e o incentivo de sentimentos de culpa.

Nessa entrevista, então, pude avaliar a paciente em seus aspectos mais gerais, tendo em vista sempre a formulação de um *diagnóstico global* para, assim, poder prescrever um tratamento de terapia breve.

Fizeram parte dessa primeira entrevista, após o enquadramento da paciente nos prerrequisitos para o processo, uma devolução geral dos aspectos compreendidos e a colocação dos princípios de terapia breve, como o tempo limitado e o objetivo que estávamos determinados a atingir, qual seja, o de trabalhar essa ligação simbiótica com a mãe.

Ao devolver a Fernanda minha compreensão de seus problemas e de si mesma, eu dava os primeiros passos na fase de *acolhimento*, cuja consequência imediata para a paciente foi a evidente diminuição da ansiedade, uma vez que tal gesto do terapeuta anula a solidão e o desamparo, sensações características das situações de crise.

Ainda nesse processo de *acolhimento*, é importante ressaltar o quanto se faz necessária a repetida utilização do "princípio da confirmação" descrito por Laing. Na prática, isso significa dar orientação para o paciente expressar-se livremente, procurando compreender sua visão da problemática *vivenciada*.

A relação empática se estabelece, então, na medida em que eu possa "estar no lugar" de Fernanda e perceber, por meio dela, o seu sofrimento por se ver restringida, manipulada, chantageadoramente impedida de realizar seu projeto de vida de modo autônomo e livre.

Ouvir, observar e pensar o "material" trazido pela paciente é insuficiente, embora necessário, sendo preciso também tomar o papel (não é uma verdadeira inversão, pois nisso não há reciprocidade) e permitir que uma *parte de mim mesmo seja ela* nessa situação.

SEGUNDA SESSÃO

Nessa sessão, na verdade a primeira do processo terapêutico, Fernanda gastou todo o tempo relatando fatos e encadeamentos de sua vida pregressa. Minha postura foi manter-me atento, com uma ou outra intervenção, tendo em vista um melhor *clareamento* de um ou outro fato relatado e da reação apresentada pela paciente nessas situações.

Mantive, portanto, a atitude de fortalecer o vínculo por meio de *acolhimento*, o que, veremos mais adiante, foi fundamental, no processo terapêutico de Fernanda, para que ela se permitisse uma "experiência emocional corretiva".

TERCEIRA SESSÃO

Na terceira sessão, Fernanda queixou-se de "dor na nuca", que havia melhorado após uma série de massagens aplicada por uma amiga. Seu corpo estava todo contraído, e eu lhe propus que fizéssemos um pouco de relaxamento. Com luz baixa e música

PSICOTERAPIA BREVE

suave no ambiente, pedi a ela que andasse pela sala até encontrar o lugar e a posição que lhe fossem agradáveis.

Fernanda andou pela sala alguns minutos e escolheu deitar-se sobre algumas almofadas num canto. Pedi-lhe que prestasse atenção a cada uma das partes de seu corpo e tentasse relaxá-las. Em seguida, pedi-lhe que procurasse respirar livremente, deixando o ar entrar em seus pulmões e depois sair em um movimento único "como uma onda do mar, que vai... e volta...".

Terminamos a sessão com Fernanda dizendo estar se sentindo bem, "como há muito tempo eu não me sentia".

Essa sessão assinalou outro aspecto da fase inicial de *acolhimento* consistente em utilizar-se de métodos que permitem o relaxamento corporal e a consequente *diminuição da ansiedade*.

A diminuição da ansiedade, por si só, já permite ao paciente ver melhor seu quadro atual, ampliando-lhe as possibilidades de solução da crise, pois liberta "energias" até então utilizadas nas defesas de um ego ameaçado pela própria crise, como pode ser observado na teoria da crise abordada no Capítulo 3.

QUARTA SESSÃO

Fernanda chegou dizendo que havia tido uma "discussão muito esquisita" com a mãe, na qual percebera uma série de sentimentos antagônicos e inexplicáveis como raiva, amor, desprezo, ressentimento, culpa e ansiedade.

Então lhe propus que voltasse a se deitar no mesmo lugar da sessão anterior e rememorasse com todos os detalhes a discussão que havia tido com a mãe.

Utilizei-me, assim, da técnica do *psicodrama interno*[12], partindo da *cena 1*, a briga com a mãe, e mergulhando em situações passadas na infância de Fernanda, quando, aos 9 anos de idade,

---

12. O psicodrama interno é uma técnica especial desenvolvida por Fonseca Filho (1980, 1987 e 1988), com base em várias experiências terapêuticas (Gestalt, bioenergética, psicológica analítica etc.).

ela se viu privada da companhia da mãe devido à separação dos pais e ao fato de esta ter apresentado na época e nos anos seguintes forte depressão, que a levou a ser internada em um sanatório.

Rever e reviver no interior de seu psiquismo o período que atribuiu como o mais "negro" de sua vida deu a Fernanda a oportunidade de sentir fortes emoções, que a fizeram chorar muito durante quase toda a dramatização interna, chegando a expressar a raiva que tinha pelo fato de a mãe não ter cuidado dela.

COMENTÁRIO SOBRE A SESSÃO

Essa sessão merece comentário especial, pois é aí que reside toda a capacidade resolutiva de uma psicoterapia breve.

A compreensão psicodinâmica de Fernanda tornou-se possível nessa sessão em que, por meio do "ato terapêutico", a paciente proporcionou-se a experiência emocional corretiva.

O padrão de comportamento de ligação apresentado por Fernanda pode ser chamado de "autoconfiança compulsiva", como descreve Bowlby (1982):

> Em vez de buscar o amor e os cuidados de outros, uma pessoa que apresenta esse padrão insiste em aguentar firme e em fazer tudo por si mesma, sejam quais forem as condições [...]. Um padrão de comportamento de ligação relacionado com a autoconfiança compulsiva e o de solicitude compulsiva.

Nesses casos, como o de Fernanda, a pessoa se envolve em relações aparentemente íntimas, sempre investida no papel de dispensar cuidados, nunca de recebê-los. Winnicott (*apud* Bowlby, 1982) diz que indivíduos desse tipo desenvolvem um "falso eu" cuja origem remonta à falta de cuidados maternos na infância em razão, justamente, da experiência típica de terem tido uma mãe que, "devido a depressão ou algum outro impedimento, não pôde cuidar da criança, mas, em vez disso, aceitou de bom grado ser cuidada".

Em nosso trabalho de terapia breve, Fernanda chegou e saiu fazendo prevalecer sua aparente "força do ego", determinando desde o contrato (foi ela quem estipulou o tempo para se *tratar*) até o momento da alta.

Todavia, foi apenas após a sessão de relaxamento que Fernanda permitiu que atingíssemos o ponto nodal de seu conflito, exprimindo, por meio do *psicodrama interno*, toda a sua raiva contra a mãe e, ao mesmo tempo, sua necessidade de amor e atenção, reencontrando, assim, sua verdadeira posição existencial.

O *psicodrama interno* é a expressão psicodramática do foco, pois parte do "aqui e agora" e permite ao terapeuta penetrar no mundo interno do paciente, revivendo cenas antigas em que se cristalizou seu comportamento atual.

No que se refere à teoria dos papéis, o que estava ocorrendo com Fernanda era a necessidade compulsiva de se utilizar do papel de "cuidadora" da mãe em detrimento do papel que a realidade existencial exige, que é o de "filha".

A partir dessa sessão, Fernanda disse que algo havia mudado dentro dela, que passara a encarar a mãe com mais naturalidade. Referiu-se também a "um estranho sentimento novo de ser *apenas* sua filha e não mais tão responsável por ela a ponto de não poder viver sua própria vida".

Nas sessões seguintes (quinta e sexta), continuamos a manter em foco sua relação com a mãe e as reações desta à sua repentina mudança de comportamento.

Como seria de esperar, Fernanda relatou uma série de "atuações" da mãe (incluindo um suposto "colapso cardíaco"), mas referiu ter-se mantido com relativo distanciamento dessas situações, embora sentisse ainda certo incômodo ao perceber o sofrimento manifestado pela mãe.

Pelo contrato inicial, ainda teríamos oito sessões por realizar, mas já a essa altura da terapia Fernanda sentia-se apta a viajar. Resolveu marcar sua passagem, e daí a quatro semanas estaria viajando.

No tempo final da terapia, passamos a refletir sobre suas perspectivas profissionais e pessoais na Europa, além de propor situações hipotéticas quanto a seus sentimentos em relação à mãe que aqui ficaria.

Fernanda encerrou a última sessão com a seguinte frase: "Morar aqui ou na Europa, agora, já não tem tanta importância. Só que lá, eu sei, vai ser muito mais gostoso!"

COMENTÁRIO GERAL DO PROCESSO DE PSICOTERAPIA BREVE DE FERNANDA

O caso clínico de Fernanda ilustra de modo significativo o desenrolar de um processo de psicoterapia breve em um enfoque psicodramático, pois ele apresenta:

1 Quadro clínico sugestivo de situação reativa, com ansiedade em grau elevado despertada após a paciente ter-se visto diante de uma situação nova, condizente com suas expectativas de vida mas impedida de se concretizar devido a fatores emocionais até então desconhecidos por ela.

2 Boa estruturação egoica, com capacidade intelectual bastante desenvolvida, revelando possibilidade de introspecção e, portanto, de *insight*. Apreensão correta do mundo externo e seu equivalente introjetado, denotando capacidade perceptiva preservada. Dificuldade de identificar sentimentos e emoções e de lidar com eles, demonstrando inclinação para a insatisfação.

3 Estruturação psicodinâmica de ligação aparentemente simbiótica com a mãe, enquadrando-se no padrão de comportamento descrito como de "solicitude compulsiva", o que levou a ter prejuízo no desenvolvimento do papel de "filha", substituindo-o pelo papel de "prestadora de cuidados", cuja interrupção gerava intensos sentimentos de culpa, encobrindo outros mais primários, como o de raiva pelo abandono.

4 Excelente motivação para submeter-se ao processo psicoterápico, o que facilitou o envolvimento no método psicodramático e permitiu a liberação das emoções bloqueadas e a reorganização afetiva (*catarse de integração*).

PSICOTERAPIA BREVE

5 Evolução com êxito de todo o processo, o qual se realizou dentro do prazo previsto, atingindo os objetivos determinados pelas expectativas da paciente.

6 Na fase final de reformulação, Fernanda foi capaz de expressar com propriedade suas aspirações e ter pleno conhecimento das possíveis variáveis na execução de seu trabalho no exterior. Conseguiu, ainda, reorganizar sua estrutura familiar de apoio à mãe, redimensionando a realidade dos fatos, isto é, "ninguém está livre de sofrer algum acidente ou incidente, mas eu não posso ficar de plantão toda a vida esperando que isso aconteça!"

OBSERVAÇÃO IMPORTANTE

É evidente que esse processo focal de abordagem terapêutica produziu apenas resultados *paliativos* na reformulação estrutural da personalidade de Fernanda.

Sua estrutura de *"falso eu"* (ou pseudo *self*) não foi, de fato, trabalhada na extensão que nossa compreensão desse fenômeno exige. Para ela, no entanto, dentro de seu nível de expectativa, essa abordagem foi suficiente, ainda que momentaneamente.

Para um perfeito remodelamento da estrutura caracterológica deficitária de Fernanda, apenas um processo prolongado de psicoterapia poderia obter resultados mais consolidados.

Cabe aqui, porém, uma consideração sobre o "nível de expectativa" do paciente em relação ao processo terapêutico procurado.

Sabemos que Fernanda não ficou "curada", mas respeitamos sua necessidade emergente e encontramos uma solução para ela.

Realizar psicoterapia breve exige do terapeuta essa capacidade de assimilar a frustração de não realizar um trabalho classicamente mais completo, porém lhe permite a satisfação de executar o que venho chamando de "psicoterapia de resultados".

9 Exemplos clínicos

COM O INTUITO DE demonstrar a aplicação do modelo de ação terapêutica proposto, apresentarei neste capítulo outros seis casos em que foi realizada a psicoterapia breve, tanto em consultório particular quanto em ambiente hospitalar.

Como se poderá observar, cada caso tem as suas peculiaridades, tendo a psicoterapia se desenvolvido de forma diferente em cada um deles, demonstrando a plasticidade do processo.

Evidentemente, não há a preocupação estatística mas a oportunidade de observar o processo de terapia breve em algumas de suas possíveis alternativas de evolução.

Os nomes dos pacientes foram alterados para manter o sigilo.

DESCRIÇÃO DE CASOS

CASO 1 – ARMANDA

Essa paciente, de 33 anos, casada, é prima distante de uma colega médica e reside em Osasco (SP).

Ela foi encaminhada pela prima porque há cerca de um mês não vem se alimentando adequadamente, pois refere sentir um "bolo" na garganta que a impede de comer.

Antes de me procurar, Armanda já havia realizado vários exames clínicos, inclusive uma endoscopia.

PSICOTERAPIA BREVE

Na primeira entrevista, realizada em meu consultório, ela se mostrou ansiosa, desconfiada, perscrutando o ambiente com o olhar e mantendo-se, de início, cabisbaixa a maior parte do tempo.

Dirigi a entrevista de forma habitual, mantendo a preocupação de caracterizar a sua queixa, perguntando apenas a respeito do sintoma referido.

Aos poucos, Armanda foi se descontraindo, passando a falar de seu modo simples de vida, dos dois filhos e do marido.

Quando menciona o marido (que a aguarda na sala de espera), ela faz um discreto movimento com os olhos – como se o procurasse pelo ambiente – e passa a falar em tom mais baixo.

Aponto-lhe esse fato iniciando o seguinte diálogo:

T: Parece que existe alguma coisa que você não quer que seu marido saiba, não?

P: Sabe, doutor, eu sempre consegui viver bem com o Augusto, mas agora, depois de quase 15 anos de casada, eu ando tendo alguns problemas com ele... Sabe, doutor, eu já aguentei muita coisa que ele fez, mas agora ele anda fazendo uma coisa que *eu não consigo engolir.* (Grifo meu)

T: E o que é que ele anda fazendo? Será que você pode me contar?

P: Olha, doutor, eu nunca contei pra ninguém, nem pra minha prima que é médica, mas eu passo o tempo todo pensando nisso... é uma coisa tão ruim que eu nem consigo falar... *Tá preso aqui na garganta.* (Grifo meu)

T: Pois é, Armanda. De fato deve ser algo muito importante pra você, pois você não consegue engolir... está preso na sua garganta... está apertando assim, não? (Faço um gesto com as mãos em torno da garganta, como se fosse apertá-la.) Ela faz um gesto de deglutição e me olha de forma interrogativa. Continuo, reforçando:

T: ... está preso na garganta... aperta... é mais ou menos o que você sente em relação à comida, não é, Armanda?

P: Puxa! É mesmo...

T: E o que é tão terrível assim? Será que você pode falar agora?

Ela, então, começa a falar ininterruptamente que, devido ao comportamento estranho apresentado pelo marido nos últimos tempos e também às pessoas com as quais ele se relaciona, ela anda desconfiada de que ele esteja fumando maconha. Isso a assusta muito, pois já ouviu falar que "maconheiro" é bandido e tem medo de que o marido seja preso etc.

À medida que fala, Armanda se entusiasma e relaxa, sendo evidente a sua satisfação em poder falar sobre algo que lhe era tão penoso.

Encerro a entrevista dando-lhe algumas informações tranquilizadoras sobre a maconha e fazendo a correlação de seu sintoma com o que ela vem sentindo ultimamente.

Marcamos, então, mais uma entrevista para a semana seguinte, à qual ela comparece dizendo sentir-se bem melhor e, "quase como uma mágica", já não estar experimentando aquela dificuldade para engolir.

Dou-lhe alta e deixo em aberto a possibilidade de seu retorno, caso volte a sentir alguma coisa.

Passados uns dois meses, encontrei-me com sua prima médica, que me informou estar Armanda muito bem e não apresentar mais dificuldade na deglutição nem qualquer outro sintoma do gênero.

Comentário: Embora a literatura sobre a psicoterapia breve faça referência a tratamentos de apenas uma sessão, o caso de Armanda chegou a surpreender pela excelente evolução apresentada.

Trata-se de uma pessoa com nível de elaboração simples, com traços de personalidade histerofóbicos (sem caracterizar um quadro neurótico), apresentando hiperexpressividade somática de uma emoção reprimida, evidenciando uma descompensação diante de uma situação nova a qual não tinha recursos para enfrentar.

No seu trabalho foram utilizados os seguintes instrumentos terapêuticos: o *clareamento* (correlacionando o sintoma à ansiedade e ao medo e "levantando" o *foco* da situação), o *esclarecimento* (quando lhe foram dadas algumas informações sobre a droga) e a *resolução catártica* (por meio da permissão para a liberação da emoção contida e do "falar sobre isso").

Trata-se, sem dúvida, de um caso *sui generis*, que demonstra, porém, a possibilidade de intervir em um quadro reativo antes de sua cronificação.

Um caso semelhante foi tratado por Moreno, também em apenas uma sessão. Tratava-se do sr. Rath, um advogado de 44 anos, queixando-se de uma "cãibra ao escrever", na mão direita, que já durava cerca de 15 meses. Em apenas uma sessão psicodramática seu sintoma foi removido após uma cena catártica. Depois de cinco anos de controle, continuava sem apresentar nenhuma sintomatologia (a descrição completa desse caso pode ser encontrada nos protocolos de psicodrama, no livro *Psicoterapia de grupo e psicodrama*, de J. L. Moreno).

CASO 2 – ERNESTO

Vestibulando da área de exatas (Engenharia), esse cliente de 18 anos procurou-me fora do consultório, informando estar apresentando, já há algum tempo, uma discreta "gagueira", principalmente quando se dirige a pessoas do sexo feminino.

Marquei uma entrevista no consultório e realizamos duas sessões de contrato e vínculo em que estabelecemos o limite de seis sessões a ser realizadas nas seis semanas seguintes. Abordaríamos especificamente essa sua queixa de "gagueira" e os aspectos dela decorrentes. As sessões transcorreram de forma lenta e dificultada pelo concretismo imediatista apresentado por Ernesto, com pouquíssima elaboração e expressão de emoções.

Na terceira sessão, sugeri que ele montasse uma cena típica em que tivesse experimentado essa dificuldade para se expressar.

A cena 1 foi montada representando uma recente situação, em que Ernesto conversava com uma colega de classe na cantina do cursinho. Nessa situação, ele dizia estar se sentindo tenso, porém não demonstrava no aqui e agora do contexto dramático nenhum nível de emoção.

Após entrevistá-lo em ambos os papéis (obtendo respostas racionais e desprovidas de emoção), pedi-lhe que, com os olhos fechados, descrevesse em voz alta a imagem que ele tinha dentro de si daquela menina com a qual estava conversando.

Demonstrando, então, certa emoção (esboçou um pequeno recuo corporal), Ernesto descreveu um ser gigantesco, de consistência gelatinosa, escuro, que ameaçava devorá-lo. Referiu que isso lhe causava medo e o fazia sentir-se muito pequeno.

Utilizando-me de recursos visuais (luz negra) e sonoros (música alta e ansiogênica), perguntei-lhe quando e em que circunstância havia se sentido assim antes.

Mostrando-se emocionado, Ernesto diz lembrar-se de ter se sentido assim quando, ainda muito pequeno, teve de enfrentar sua mãe para entregar-lhe o boletim da escola que, naquele mês, apresentava baixo rendimento e estava cheio de notas vermelhas.

Pedi-lhe que montasse a cena e ele, titubeante, recusou-se a fazê-lo, dizendo não se sentir muito bem e querer parar para conversar um pouco.

Optei por respeitar o seu limite, pedindo-lhe que guardasse aquela cena consigo, pois voltaríamos a ela em outro momento.

Nos comentários, Ernesto, que ainda se mantinha um tanto assustado, disse nunca ter pensado que sua mãe – com quem sempre tivera péssimo relacionamento – pudesse ter algo que ver com seu problema atual.

Fechamos a sessão com a proposta de retomar o mesmo tema na semana seguinte e deixei com ele uma série de instruções para fazer exercícios de relaxamento em casa.

Na sessão seguinte, após breve aquecimento verbal (em que falamos sobre como ele havia se sentido durante a semana), propus que retomássemos a cena da sessão anterior no ponto em que havíamos parado. Com certa relutância, Ernesto montou uma cena em que a mãe o agredia verbalmente, chamando-o de incompetente e incapaz.

No papel de sua mãe, ele diz:

— Você é um incompetente, um imbecil. Não consegue ir bem na escola nem em nada do que faz.

Em seu próprio papel de criança, ele diz sentir muito medo, mas também ter bastante raiva da mãe, pois "ela está sendo injusta comigo".

Pergunto-lhe se ele não pode reagir contra ela. Ele chega a esboçar um movimento de reação, porém recua dizendo não poder fazer nada "porque ela também é muito boa e, às vezes, me ajuda bastante".

Proponho, então, que se faça o "desdobramento" da figura materna em uma parte que possua "tudo que ela tem de bom" e outra em que esteja "tudo que ela tem de ruim".

Assim, Ernesto pôde se dirigir ao "lado ruim de sua mãe" e expressar todo um sentimento de raiva, chegando mesmo a chutar a almofada que a representava.

Para o "lado bom" (que ele dizia ser pequeno, mas existente) ele expressou algum indício de afeto, porém com menor intensidade e convicção do que havia feito para o outro lado.

Ao fim da sessão, ele disse estar se sentindo muito melhor do que na sessão anterior.

Na quinta sessão fizemos uma *realização simbólica* em que ele se via tentando "paquerar" uma garota e sentia a presença de sua mãe entre ambos.

Utilizando a técnica de *concretização*, trouxemos sua mãe para a cena, colocando-se entre os dois.

Com a técnica do *espelho*, pudemos observar a cena de fora e, quando lhe pedi que comentasse o que estava vendo, Ernesto fez observações meramente descritivas, sem nenhum grau de emoção ou *insight*.

Por meio da técnica do *duplo* lhe foi mostrado que sua relação com qualquer garota era marcada pela presença da mãe, de forma que suas reações poderiam dever-se não às garotas diretamente, mas sim à sua mãe.

Ernesto pareceu surpreso e aliviado com essa constatação, demonstrando certa alegria quando lhe propus que, simbolicamente, retirássemos sua mãe de cena, já que ela *realmente* não pertencia àquele acontecimento.

Na sexta e última sessão, Ernesto disse sentir-se bem mais à vontade e referiu ter conversado com aquela mesma garota no cursinho e "não ter gaguejado nenhuma vez!".

Com respeito à primeira sessão, esta última desenvolveu-se de forma bem mais descontraída, na qual fizemos um "processamento" do que havia ocorrido durante toda a terapia. Os aspectos técnico e teórico do psicodrama lhe chamaram a atenção e ele disse estar bastante animado com seu progresso e acreditar não ter esse tipo de problema novamente.

Demos por encerrado o processo de terapia breve e marcamos um retorno de avaliação para dali a um mês, mas ele não compareceu e, assim, não tive notícias sobre como evoluiu o quadro.

Comentário: Esse tipo de evolução de caso é dos mais constrangedores quando se procura ter um referencial de *feedback* para a avaliação de um processo psicoterapêutico, pois o não retorno de Ernesto deixa dúvida quanto ao sucesso ou não do tratamento em médio e longo prazos.

No entanto, avaliando o processo "por si", pode-se concluir que a experiência vivida pelo paciente durante a terapia aproxima-se de uma "experiência emocional corretiva", pois, a partir de um fator *cognitivo* (reconhecimento da relação de transferência "mãe-garotas"), segue-se um fator *afetivo* (a emoção de cargas

PSICOTERAPIA BREVE

negativas vivida na relação com a mãe, sendo projetada em relação às garotas e impedindo a experimentação de emoções de cargas positivas, tanto em referência ao conflito básico quanto ao atual – permitindo-se a sua experimentação em ambiente protegido da terapia). Daí decorreu o fator *volitivo* (a vontade de retirar a mãe da cena – ainda que por sugestão do terapeuta), do qual adveio o fator *motor* (a efetiva retirada da "mãe" e a sessão referida fora do contexto terapêutico, de procurar novamente a situação que originou o conflito atual e enfrentá-la com sucesso).

Ainda assim, permanece a sensação de que o processo não atingiu o ponto mais alto de emoção, tendo a solução apresentada se devido mais à intervenção do terapeuta do que à própria resolução do paciente, advindo daí a dúvida quanto à eficácia duradoura do trabalho.

Termino por considerar o caso inconclusivo, pois, embora tenha evoluído de acordo com a programação proposta, faltou a avaliação *a posteriori* que poderia dar real validade ao processo.

CASO 3 – SEVERINA

Cearense, a paciente tem pouco mais de 50 anos (25 dos quais morando em São Paulo), é viúva, mãe de seis filhos e reside na periferia da Grande São Paulo com dois filhos homens solteiros.

Ela me foi encaminhada por um clínico-geral que a havia examinado devido às suas frequentes queixas de distúrbio do sono, "indisposição intestinal" e "gastura".

No encaminhamento do clínico foi feita a afirmação de que Severina "chegava às consultas sentindo-se muito mal e, após ser examinada e levar alguns minutos de prosa, sentir-se muito bem-disposta e, aparentemente, os sintomas melhorarem".

Já na primeira consulta pude notar evidentes sinais de ansiedade e depressão, embora ela se esforçasse por negar qualquer componente emocional em seu quadro, alegando ter vindo à consulta comigo apenas após veementes apelos de seus familiares e de seu médico.

Demonstrava sentir-se constrangida em consultar um psiquiatra (!) e esforçava-se em manter a entrevista girando em torno dos seus sintomas e de "quanto sofria por causa deles". Mantive a entrevista enfocada em seu sofrimento físico e procurei associá-lo a sofrimentos que ela experimentara ao longo da vida. A transposição de um plano para outro (do físico para o psíquico) deu-se de forma natural e simples e Severina passou a falar espontaneamente de sua vida cheia de "separações e dor".

Em seu referencial pessoal, de características concretas e humildes, não havia espaço para abordagem dinâmica mais profunda ou psicodramática imediata. Optei, então, nessa fase de *acolhimento*, por simplesmente ouvir suas queixas e utilizei-me de uma linguagem já sua conhecida, o "discurso médico". Procurei expressar-lhe que a havia compreendido e esclareci que seus sintomas físicos eram, em parte, a soma de uma série de fatores que vinham ocorrendo em sua vida, havendo, portanto, um fator psíquico interferindo. Afirmei que, para tratá-lo, era importante que pudéssemos conversar mais a respeito dele, além de prescrever-lhe um ansiolítico (bromazepan) e um antidepressivo (clomipramina) – segundo informações do clínico, não havia nenhum distúrbio somático que justificasse a contraindicação do antidepressivo.

Pedi a ela que tomasse a medicação rigorosamente como havia indicado e marquei outra consulta para a semana seguinte.

Na segunda consulta, Severina voltou dizendo ter tido excelente melhora, mas ainda com algum receio do que faríamos dali em diante. Expliquei-lhe que teríamos uma série de dez "entrevistas" nas quais gostaria de ouvir um pouco de sua vida, "que me parecia um tanto sofrida" e, portanto, merecia atenção.

Nas sessões seguintes passamos a falar sobre seu passado tenso, solitário, povoado de ameaças de separação – seus pais se separaram quando ela estava com 13 anos de idade e seu marido falecera de "ataque cardíaco" (havia pouco mais de dez anos, em seus braços). Discorreu-se sobre a similaridade desses acontecimentos com o medo e a subsequente sensação de ameaça de que seus filhos também pudessem abandoná-la.

Todo o processo terapêutico transcorreu no plano verbal e apenas eventualmente se recorreu à "montagem de uma imagem" utilizando almofadas e outros objetos da sala, com o intuito de reforçar ou clarear alguma situação.

Após a nona sessão marcamos a avaliação. Severina disse estar se sentindo muito bem, sem problemas gastrintestinais, dormindo normalmente, e de fato ter compreendido que suas dores e indisposições físicas tinham "muito a ver" com as dores e indisposições de sua própria vida.

A princípio fizemos retornos mensais e depois bimestrais, em que sua disposição e estado geral permaneceram bons, mesmo após a suspensão da medicação. Depois de dois anos da primeira entrevista (seu retorno é semestral), na última visita Severina preparava-se para ir sozinha, de ônibus, para o Ceará, a fim de visitar a mãe (que não via havia mais de dez anos) e "tentar trazê--la para São Paulo para se tratar, pois ela também sofre de uma série de coisas que 'só o senhor vai poder curá-la'".

Comentário: O trabalho realizado com Severina quase se restringiu à fase de *acolhimento*, pois todo o desempenho terapêutico esteve voltado para o reconhecimento dessa pessoa e para o entendimento de sua vida de forma global.

Ainda que realizada exclusivamente no plano verbal, foi possível atingir níveis bastante profundos de emoção – que, pela primeira vez em sua vida, foram compartilhados com outra pessoa.

Foi muito mais uma "terapia de apoio" do que uma "terapia de resolução e reestruturação", mas ainda assim atingiu pontos altamente satisfatórios tanto na melhora de sintomatologia apresentada como queixa inicial quanto no reposicionamento sobre sua própria vida, com uma abertura para um novo ângulo de observação e, também, como ponto de apoio para novas investidas no plano social, com o planejamento e a execução de diferentes projetos de vida.

A evolução "pós-terapia" vem demonstrando a eficácia do processo, e seu planejamento em longo prazo prevê um distanciamento cada vez maior nos retornos até a alta definitiva.

O trabalho de psicoterapia breve com Severina vem reforçar a hipótese de sua eficácia e nos remete às citações de Sheehy (1980):

> Quantas pessoas são capazes de olhar para dentro de si próprias na escuridão? E quantas se permitem entrar nela? Quem dá este salto em sua direção a um novo começo? Talvez ideias opostas se juntem e percam sua oposição mútua, começando uma nova página. É possível que no ponto mais distante de nossas explorações cheguemos a nos conhecer pela primeira vez.

CASO 4 – MARGARIDA

Margarida tem 24 anos, é casada e tem três filhos pequenos. Trabalha como atendente de enfermagem em uma unidade de atendimento clínico e cirúrgico do Instituto Central do Hospital das Clínicas.

Ela foi encaminhada para o ambulatório do Instituto de Psiquiatria pelo médico-assistente do serviço de atendimento ao funcionário do HC por estar apresentando "comportamento inadequado e agressivo em sua unidade de trabalho".

Na primeira entrevista, Margarida apresenta-se bastante "defendida", referindo estar ali apenas "porque o médico mandou". Diz que se sente nervosa já há algum tempo, mas "também... com aquele pessoal todo lá da enfermaria 'pegando no meu pé' eu não poderia mesmo me sentir bem, não é?".

Nessa entrevista de 30 minutos tentei manter o diálogo em torno da problemática da enfermaria, salientando, em cada oportunidade, quanto esses fatos eram realmente desencadeadores de sua irritação e ansiedade. Com isso, Margarida relaxou em parte as suas defesas e concordou em retornar na semana seguinte para mais uma entrevista.

PSICOTERAPIA BREVE

Na sessão seguinte, ela voltou demonstrando mais ansiedade e irritação, afirmando que aquela semana "havia sido de amargar lá na enfermaria, pois a enfermeira-chefe reclamou o tempo todo do meu desempenho e do meu comportamento". Procurando demonstrar que o *mal está sempre fora dela e, portanto, sempre no outro,* Margarida falou bastante do quanto se sentiu "prejudicada por todo mundo" e de nunca ter tido condições de se defender, "porque todos fazem as coisas às escondidas e não me dão oportunidade de me defender".

Quando lhe perguntei desde quando se sentia assim, Margarida começou a chorar e disse que, desde muito pequena, seus pais a maltratavam, tendo sido uma criança triste, infeliz e solitária.

Propus-lhe, então, que iniciássemos um trabalho de psicoterapia, ao que ela prontamente se recusou, dizendo "não ser louca!". Surpreso, ocorreu-me a ideia de lhe propor continuarmos aquelas entrevistas (como estávamos fazendo) determinado período – não falei o tempo exato –, em que enfocaríamos apenas essa sua dificuldade de se relacionar com as pessoas "devido ao tratamento que havia recebido de seus pais".

Com isso ela concordou e passamos a fazer as "entrevistas" em uma sala de psicodrama do setor de psicoterapia.

Na primeira "sessão-entrevista", Margarida voltou falando de seu trabalho e da vigilância que as pessoas exerciam sobre ela: "Parece que estou o tempo todo sendo vigiada, como se um grande olho estivesse sempre olhando para mim!"

Convidei-a, então, para que me mostrasse no tablado como era essa sensação de ser observada o tempo todo, explicando que nós experimentaríamos, a partir daquele momento, uma vivência diferente, vivendo suas fantasias "como se" fossem realidade.

Surpreendentemente, Margarida concordou com a proposta e montou uma imagem em que se sentia observada por um "grande olho".

Após sucessivas "inversões de papéis" com o grande olho, Margarida identificou a figura paterna projetada e, demonstrando muito medo, decidiu interromper a dramatização mesmo após alguma insistência de minha parte tentando reafirmar-lhe o sentido do "como se" do que estávamos fazendo.

Na sessão seguinte, ela voltou apresentando uma modificação substancial em seu comportamento, dizendo, logo ao entrar na sala:

– Agora eu tenho certeza de que aquele pessoal lá da enfermaria não gosta de mim. E eles não gostam porque eu sou boa funcionária, sou boa amiga e sei de muita coisa errada que acontece por lá. Além disso, eles estão preparando um golpe para que eu perca o emprego; só que eles não sabem que eu sei de tudo e vou contar ao superintendente.

A segurança, clareza e aparente coerência interna do discurso de Margarida e a sua não correspondência com os dados da realidade levaram-me a fechar o diagnóstico de "reação delirante aguda" ou "bufê delirante" .

Depois de discutir com ela sobre sua mudança de comportamento e as consequências disso, propus-lhe uma série de atitudes que poderíamos tomar dali para a frente: em primeiro lugar, solicitei aos funcionários do Serviço Médico uma licença de 15 dias e pedi ao Serviço Social que solicitasse a transferência de Margarida da enfermaria para evitar a manutenção do foco desencadeante do quadro e as inconveniências da rejeição quando de seu retorno ao trabalho.

Nesse período, intensificamos o ritmo das sessões, aumentando de uma para três sessões semanais, e introduzi um neuroléptico (propericiazina) em dosagem pequena.

Vali-me apenas do referencial psicodramático nessas sessões, realizando uma técnica derivada do "psicodrama interno" que se assemelha à "imaginação ativa" de Jung. Essa técnica consiste em solicitar que o paciente relate os acontecimentos "como se eles estivessem acontecendo agora", narrando os fatos no tempo presente, trocando papéis com os interlocutores, além de permitir a visualização da cena interna como se fosse a lembrança de uma fotografia ("espelho").

PSICOTERAPIA BREVE

Depois de três semanas de trabalho, Margarida disse estar se sentindo bem melhor e reconheceu ter "estado doente", além de apresentar certo receio de voltar ao convívio das pessoas do hospital. Tal receio desvaneceu-se à medida que sua transferência se concretizou. Ela mesma propôs ter alta. Concordei e solicitei um retorno mensal, ao qual ela compareceu nos quatro meses seguintes, sempre dizendo estar se sentindo bem e sem apresentar problemas em seu novo local de trabalho.

Assim, dei-lhe alta deixando em aberto a possibilidade de retorno em "data oportuna", o que veio a acontecer quase três anos depois, quando Margarida me procurou novamente em crise ansiosa, dessa vez desencadeada por problemas familiares. Consegui convencê-la da necessidade de submeter-se a uma psicoterapia prolongada e a encaminhei para o setor de psicoterapia.

Comentário: Margarida é uma pessoa com fortes traços paranoides em sua personalidade, apresentando uma grande resistência a entrar em contato com as ansiedades emergentes desses núcleos.

A proposta inicial da psicoterapia breve para ela teve como justificativa de indicação a oportunidade de realizar um trabalho mobilizador, que lhe permitisse entrar em contato com seu mundo interno repleto de fantasmas ameaçadores.

Com o desenrolar do processo terapêutico, foi possível o extravasamento da emoção paranoide reprimida, pelo desencadeamento do quadro de "reação paranoide".

Com as medidas tomadas de manter a psicoterapia, introduzir o tratamento medicamentoso e promover a mudança de ambiente de trabalho, acredito ter evitado a consolidação de um desenvolvimento paranoide, pois, depois da fase crítica, Margarida retomou normalmente suas atribuições, não apresentando nenhum "defeito" que pudesse caracterizar seu quadro como um "surto".

Esse é um caso que pode exemplificar uma das indicações precisas da psicoterapia breve: a intervenção em um quadro de crise, cuja evolução natural apresenta (devido aos fortes traços patológicos de personalidade) um risco muito grande de se transformar em um quadro psicótico de características crônicas.

Finalmente, concluo que esse caso atingiu os objetivos previstos, pois, além de permitir a *cartase* – ainda que na ocorrência da reação paranoide e não no *"como se"* –, amparou a evolução natural da crise e serviu de mobilização para um futuro trabalho de psicoterapia prolongada em uma pessoa com elevado grau de resistência.

CASO 5 – PATRÍCIA

Patrícia, juíza de Direito aposentada, com 70 anos de idade, viúva, procurou-me após ter sido vítima do conhecido golpe do "disque sequestro" ou falso sequestro, em que um bandido, geralmente dentro de uma penitenciária, liga para uma pessoa qualquer e anuncia que está em poder de um parente dessa pessoa, exigindo resgate para não matá-lo.

Mesmo já conhecendo esse golpe, Patrícia foi acordada às três horas da manhã aproximadamente pelo toque do telefone e, ao atendê-lo, ainda sonolenta, ouviu do outro lado da linha:

— Mãe, mãe! Socorro! Eles me pegaram e estão com um revólver na minha cabeça! Socorro, mãe!

Atordoada, Patrícia prontamente responde:

— Juliana! O que está acontecendo? Onde você está?

Dito o nome da filha, em um ato de desespero, imediatamente ouve uma voz que anuncia, em tom extremamente ameaçador, ser membro de uma facção criminosa em São Paulo e ter sua filha Juliana em seu poder, exigindo que não desligue o telefone e passe o número de seu celular por meio do qual dirá o que deve ser feito para que Juliana não seja morta nem ferida pelo grupo.

Patrícia, assustadíssima, deixa o telefone fixo fora do gancho e passa o número do celular, onde começam de forma assustadora as negociações para o resgate, com a exigência de que mantenha ambos os aparelhos ligados e siga as instruções dadas pelos bandidos.

Atordoada, sem discernimento do que está ocorrendo, ainda de madrugada, Patrícia começa a recolher joias, dinheiro e até um *laptop* sempre com o celular grudado ao ouvido, seguindo as instruções do bandido.

Sai de casa, ainda de madrugada, e segue para um bairro periférico de São Paulo, depois de passar, a mando dos bandidos, por diversos caixas eletrônicos tentando fazer saques em suas contas bancárias.

Pela manhã, em um local ermo e distante ditado pelos bandidos, deixa todo o dinheiro e os demais pertences em uma caçamba de rua, recebendo a "promessa" dos bandidos de que logo soltariam Juliana. Eles desligam o telefone.

Ainda confusa, atrapalhada, "fora de si", como ela mesma diz, volta para casa esperando encontrar a filha sequestrada.

No caminho, liga para seu outro filho para avisá-lo do ocorrido e este a recrimina por ter caído em um golpe tão conhecido, chegando a discutir com ela por sua "tolice".

Consegue ligar, finalmente, para sua filha e constata que ela nada sofreu e está em casa à sua procura, temendo pela mãe quando tentou localizá-la logo cedo e não obteve sucesso.

A princípio aliviada, Patrícia logo "caiu em si" e percebeu o que havia ocorrido, sentindo uma mistura de sentimentos que iam do alívio à vergonha, passando por sensações físicas de taquicardia, sudorese, mal-estar.

Ao chegar em casa, encontrou ambos os filhos, que a tranquilizaram e deram-lhe um calmante, pedindo que descansasse.

Nos dias seguintes, acolhida pelos filhos, Patrícia sentiu-se apenas envergonhada por ter sido vítima de um golpe tão comentado, mas seu estado geral era bom, sem nenhuma manifestação psicológica evidente.

Passados dois meses e meio do fato, percebeu que estava com dificuldade para conciliar o sono, sobressaltada, assustando-se cada vez que o telefone tocava a qualquer hora do dia, não conseguia se concentrar em leitura ou mesmo assistir à televisão, sentia-se desanimada e com uma tristeza inexplicável que a levava a chorar com frequência.

Com esse quadro veio me procurar e não foi difícil estabelecer, de imediato, o transtorno de estresse pós-traumático pelo qual estava passando.

Ouvia-a atentamente, perguntando-lhe detalhes sobre o ocorrido, o que lhe era difícil relatar, pois não se sentia bem ao relembrar os fatos, embora eles estivessem sempre em seus pensamentos.

Ao contrário do que a cultura popular prega, é muito importante para a vítima desse quadro poder falar livremente sobre o acontecido, pois isso facilita o clareamento dos processos mentais envolvidos no incidente.

Como seu quadro era prevalentemente de embotamento e depressão, eu lhe prescrevi um antidepressivo com efeito ansiolítico em dose pequena.

Propus que iniciássemos uma psicoterapia breve integrada, basicamente verbal, na qual conversaríamos sobre o que estava lhe ocorrendo e poderíamos conseguir a redução desse quadro.

Ao longo de 12 sessões, Patrícia discorreu exaustivamente sobre o assunto e lá pela quinta ou sexta sessão trouxe à tona um artigo que havia lido no jornal acerca da "síndrome do farsante", que descrevia uma pessoa que se faz passar por aquilo que não é, exibindo socialmente um comportamento altivo e presente, mas escondendo a verdadeira personalidade esquiva, fóbica e complexada.

Embora não fosse exatamente assim, Patrícia, oriunda de uma família tradicional e culta, tinha uma falsa cognição sobre si mesma de que deveria saber e conhecer de tudo, quase como uma "enciclopedista".

Focamos, então, o trabalho em sua história de vida – que, embora tenha sido no nível profissional um absoluto sucesso, sempre foi marcada por essa sensação de ser uma "farsa", isto é, de não se sentir exatamente como as pessoas a viam, mas sim acreditando ter sido mais abençoada pela sorte do que pelos próprios méritos.

Ficou claro para ela que o golpe em que havia caído revelava ingenuidade e despreparo para as situações do cotidiano, trazendo à tona a sensação de farsa, de mentira em que moldara sua reputação de pessoa letrada e capaz perante os filhos e a sociedade.

Trabalhamos, nas demais sessões, sobre essas distorções cognitivas enraizadas em seu inconsciente de modo que, pouco a pouco, Patrícia pôde perceber que, de fato, era uma pessoa com excelentes qualidades, mas não tão onipotente quanto sua formação exigia.

Terminamos o trabalho com Patrícia sentindo-se bem melhor e a vimos com uma regularidade mensal para retirar a medicação paulatinamente.

Como em todos esses casos, infelizmente, uma pequena sequela permaneceu: a hipervigilância, que a tornara algo mais atenta aos acontecimentos ao seu redor, porém sem grande interferência em seu dia a dia, que voltou ao normal.

Comentário: Pode-se dizer que Patrícia tem um leve traço de *personalidade insegura de si* (diagnóstico do *CID-10*) que foi encoberto, ao longo de sua vida, por uma inteligência viva e elevada.

Devido à educação que recebeu, em meio a pessoas influentes, letrados, políticos, juízes, em uma cidade do interior, Patrícia sempre se sentiu inferior àqueles que a cercavam, exercendo com extrema eficiência a sua notável inteligência para superar esse "complexo de inferioridade", desenvolvendo a crença de que deveria ser onipotente e onisciente para ser aceita no meio que frequentava.

Quando jovem, sentia-se envergonhada em festas e recepções, mas reprimia tal sentimento enfrentando (sempre que possível) com certa arrogância os desafios da vida.

Na terapia, esse esquema que ela construíra em torno de si mesma – constantemente em conflito com as distorções cognitivas de que deveria ser um "gênio" e não era em absoluto nada disso – pôde ser trabalhado.

Trabalhamos essa situação em que, em "campo tenso" ativado pela ameaça, o que prevaleceu foi seu sentimento de medo devido à insegurança, o que nublou sua capacidade intelectual, deixando aflorar apenas o papel de arrogância e enfrentamento que a levou a agir, de fato, tolamente.

Confrontada com essas duas vertentes de seu esquema de vida, Patrícia reconheceu que efetivamente não era nem um nem outro, nem farsante nem onipotente, e assumiu sua condição de pessoa com qualidades e deficiências como qualquer ser normal.

Isso não só a tirou do quadro de TEPT como provocou uma reformulação em seus conceitos de vida, fazendo-a aceitar a verdadeira Patrícia: forte, porém vulnerável à impermanência da vida.

CASO 6 – VESTIBULANDOS

Apresentado no II Encontro Brasileiro de Psicodrama, esse trabalho foi realizado mais com o objetivo de "psicoprofilaxia" do que propriamente de psicoterapia.

Durante 12 sessões de duas horas de duração cada uma, trabalhamos um grupo de cinco alunos de um cursinho preparatório para o vestibular de São Paulo.

Os integrantes do grupo tinham idade média de 21 anos e todos já haviam prestado exame vestibular, pelo menos em dois anos consecutivos, sem obter sucesso. Seus nomes são: Fernando, Paulo, Sérgio, Marta e Sônia.

Apresento a seguir algumas dessas sessões:

Primeira sessão

Apresentação do grupo, do objetivo de trabalho e da unidade funcional.

Nota-se um aparente clima de solidariedade quando Sérgio diz: "Estamos todos no mesmo barco, vamos navegar juntos".

Marta ressalta que "Este trabalho não é a varinha de condão que nos colocará na faculdade, mas uma ajuda que podemos ter".

Cada integrante do grupo apresentou seus dados em relação a carreira escolhida, motivação, frustrações e expectativas sobre o vestibular.

Utilizamos para essa apresentação a técnica da "berlinda"[13]. Concluímos que a sessão foi de definição dos objetivos do grupo quanto ao processo terapêutico.

Terceira sessão

Fernando revela sua elevada ansiedade pelo vestibular e os demais integrantes do grupo apontam-no como protagonista. Ele aceita e é convidado a subir no tablado. Peço-lhe que monte uma imagem de como se vê perante o vestibular.

Ele, então, monta uma imagem em que coloca o vestibular como uma barreira bem alta, porém transponível. Coloca também uma "bola de ferro" em seu pé que o impede de ultrapassar tal barreira. Invertendo sucessivamente os papéis de "barreira" e "bola", evidencia-se o conflito: o vestibular chamando-o de maneira atraente e a bola (ainda não identificável) limitando-o, dizendo-lhe ser incapaz de chegar à faculdade. Depois de várias inversões de papel com uma "bola", Fernando consegue encontrar uma solução.

Utiliza-se, então, a técnica do espelho e Fernando percebe que o seu esforço se concentra em ultrapassar a barreira do vestibular sem se dar conta de que a "bola" o impede, fazendo-o despender muita energia.

Evidenciamos que, movido pela ansiedade de alcançar seu objetivo, Fernando não se apercebe da existência de algo que o impede, não dando a atenção necessária para a resolução desse obstáculo secundário.

---

13. Jogo psicodramático de entrevistas no qual, um a um, os integrantes do grupo ficam no centro e são questionados pelos demais.

Tal observação foi colocada para o grupo nos comentários e permitiu que Fernando e os outros reelaborassem suas posições.

Quarta sessão

No aquecimento inespecífico foi comentada a sessão anterior, surgindo a dúvida do que seria a "bola de ferro" de cada um dos integrantes do grupo. Sônia sugeriu que as emoções de insegurança e medo poderiam ser as responsáveis pelo surgimento desses "obstáculos secundários".

Propusemos um jogo para que se evidenciassem essas emoções. Em cena, surgiu o conflito entre insegurança e conhecimento, substituído por *competição*, que se expressou por luta corporal (fizemos o jogo de "empurrar para fora do tablado"). No final, Paulo permaneceu sozinho no tablado.

A permanência no tablado representava o alcance do objetivo. Quando, porém, Paulo se deu conta disso, sentiu-se muito mal, com náuseas, saindo da sala para vomitar.

Concluímos que essa fora uma luta cega de Paulo em busca de um objetivo sem que este realmente fosse elaborado e definido.

Oitava sessão

Sérgio expõe seu medo de ver a lista dos classificados no exame e não encontrar seu nome. Assim, propusemos a realização simbólica da situação.

Cena I: Sérgio, em casa, pela manhã, lendo o jornal: seu nome não consta na lista.

Solilóquio: sensação de vazio, tristeza, vontade de fugir para uma praia deserta.

Cena II: praia deserta, sozinho, com medo, sem saída, Sérgio pede para trazer alguém (sua ex-namorada).

Ego-auxiliar entra no papel da namorada. Sérgio pede "colo", proteção e compreensão.

Inversão dos papéis: Sérgio, no papel da namorada, lhe dá colo, é compreensivo, estimula e não condena.

Inversão de papéis: Sérgio se emociona e pede muito amor à namorada, sendo correspondido.

A sessão termina com o protagonista dizendo sentir-se muito bem, com grande sensação de bem-estar.

Concluímos que essa sessão foi o medo do fracasso, da impotência e de não ser amado. A realização simbólica pôde separar o "ser amado" do "passar no vestibular".

Décima primeira sessão (véspera do primeiro exame vestibular)

O grupo estava com um nível elevado de ansiedade.

Com o objetivo de baixar a tensão, propusemos um jogo de relaxamento, com música e luzes suaves e repousantes.

Décima segunda sessão (final do processo)

Sessão totalmente verbalizada, com cada elemento relatando como se sentiu durante a realização do exame no dia anterior. Todos disseram ter se sentido menos tensos do que o habitual e mais seguros de si mesmos.

Afirmam sua posição atual diante do vestibular e da carreira escolhida, e alguns se propõem a repensar sua escolha e seus objetivos.

COMENTÁRIO

Nesse trabalho não foi necessário enfatizar a fase de *vinculação*, uma vez que todos os integrantes do grupo eram meus alunos no referido cursinho.

A fase de diminuição da ansiedade no vestibular foi a mais utilizada durante o trabalho, pois várias sessões foram dedicadas ao relaxamento.

Como não havia propriamente um único conflito, além da busca de uma meta – o vestibular –, algumas sessões foram realizadas visando à *resolução* de alguns conflitos básicos que se manifestaram durante a etapa de acolhimento. De modo geral, trabalhamos os obstáculos secundários que se antepunham entre o vestibulando e sua meta.

Na sessão final, pudemos entrar em contato com a fase de *reprojetação*, pois se alcançou com poucas sessões um nível considerado ótimo de autoconsciência e de avaliação das perspectivas pessoais. Chegamos, assim, a esboçar algum tipo de projeto individual.

Ficamos, no final, com a certeza de que nosso trabalho teve papel relevante na vida de cada um dos integrantes do grupo, desenvolvendo neles um pouco de autocompreensão e diminuição da ansiedade diante de obstáculos que, quando clareados, podem ser muito mais facilmente ultrapassados.

Considerações finais

NÃO NOS CABE NESTE momento discutir a validade ou não da psicoterapia breve em seu sentido mais amplo, pois inúmeras publicações a esse respeito trazem irrefutáveis informações sobre sua utilização e eficácia em curto, médio e até longo prazos. Mesmo em relação a críticas de psicoterapeutas mais radicais e ortodoxos, nas quais se observa a preocupação enfática dada aos conteúdos mais profundos de personalidade, o trabalho, ainda que focal e de curta duração, produz resultados que revelam significativas alterações no comportamento de pessoas que dele se serviram com o desenvolvimento de uma nova realidade existencial de mais clareza e menos sofrimento.

As teorias de comportamento e as técnicas de psicoterapia que têm surgido nos últimos anos, cada uma dando ênfase a uma parte do psiquismo, a uma parte da pessoa, não se importam em ver o indivíduo como um todo em dado momento de sua vida, inserido em seu ambiente social e antropológico, em que novas regras e solicitações existem e são construídas a cada instante. Isso pelo menos desatualiza certas posturas mais ortodoxas, ou seja, habituamo-nos a ver o homem em "cortes longitudinais", esquecendo-nos de vê-lo em sucessivos "cortes transversais" que compõem o seu cotidiano.

O próprio Moreno (s/d) afirma: "Deve haver uma seleção do veículo e também do próprio sistema de termos e interpretações que o paciente requer", isto é, o "foco" da atuação terapêutica deve estar no *paciente* e não na *teoria*.

Assim, há um enorme contingente de pessoas que sofrem de ansiedade pura ou somatizada que atinge níveis que se poderiam considerar endêmicos em alguns centros urbanos. Para-doxalmente, nada ou muito pouco se faz por essas pessoas, devido a um somatório interminável de fatores, em que pesam argumentos tanto do lado do paciente quanto do agente terapêutico. Alega-se haver pouca verba para a ampliação de instituições, poucos profissionais treinados na custosa área de saúde mental, que nossos esquemas teóricos não são tão abrangentes como se supõe, ou, ainda, que não compreendemos a linguagem simples, concreta e superficial do homem comum.

Enfim, muitos são os motivos alegados para que não realizemos um trabalho mais voltado para a necessidade emergente da população, restringindo-se o trabalho terapêutico a uma elite cada vez mais selecionada.

A psicoterapia breve, assim como foi aqui apresentada, é, no entanto, apenas um dos recursos dos quais se pode valer uma instituição para ajudar a comunidade que dela se serve.

Kesselman (1971) fala em seu livro de "processos corretores de duração e objetivos limitados", desenvolvendo amplo programa de saúde mental em que se inclui o trabalho de vários profissionais da área de saúde, no qual a psicoterapia breve ocupa apenas um dos níveis de atendimento, ao lado do social, familiar, ocupacional etc.

Nesse sentido, torna-se importante a elaboração de um plano de atendimento que beneficie a todos os que dele se servem. É o caso do trabalho realizado pelos estagiários nos departamentos de psicoterapia, o qual teria, a meu ver, muito mais sentido (tanto no que se refere à aprendizagem quanto ao que diz respeito ao aspecto assistencial) se fosse projetado com vistas aos objetivos e tempo limitados porque, na prática, as coisas acontecem desse modo.

Tendo sempre em mente a noção de *foco*, é perfeitamente possível realizar um trabalho de psicoterapia no qual em cada "bloco" de atendimento seja abordado apenas um foco crítico apresentado pelo paciente.

Há, no entanto, de se ressaltar que a psicoterapia breve não constitui um instrumento *milagroso*, inovador, que resolverá *todos* os problemas apresentados por *todos* os pacientes.

Para tanto, deve-se firmar o trabalho terapêutico da indicação precisa, contrariando algumas das mais modernas tendências, partindo-se de um *diagnóstico* previamente elaborado antes de se indicar o tratamento adequado.

Com isso será possível atingir um grande contingente de pacientes com quadros reativos agudos, que podem ter seu sofrimento aliviado em pouco tempo, não só pela eficácia do processo terapêutico, mas também pela possibilidade de escapar da exasperante "fila de espera", que pode levar à cronificação do caso.

Portanto, se bem orientada e indicada, a psicoterapia breve poderá contribuir decisivamente para:

a *diminuição da ansiedade* e o consequente relaxamento de campo, permitindo a real avaliação dos obstáculos;

b *identificação da noção de "campo de liberdade"* e responsabilidade, desenvolvendo na pessoa a noção de que é livre dentro dos limites de seu campo de liberdade e impedindo que se esmague no centro dele, impotencializando suas ações;

c *chamar a atenção da pessoa para a própria vida e o sentido dela*, contribuindo para um enriquecimento pessoal, como o desenvolvimento de papéis até então desconhecidos;

d *maior ajustamento nas relações interpessoais:* trabalho que é bastante facilitado na psicoterapia de grupo, mas também pode ser desenvolvido em trabalhos bipessoais à medida que surgem noções de uma comunicação clara e sadia;

e *avaliação das perspectivas pessoais* como o replanejamento do projeto de vida, no qual se incluam suas percepções e o reposicionamento durante o processo terapêutico.

Enfim, se não produz um ser humano novo, espontâneo e criativo, íntimo conhecedor das profundezas de seu ser, a psicoterapia breve pelo menos propõe-se a acompanhá-lo num momento especial de sua vida, em que prevalecem a dor e o sofrimento, ajudando-o a encontrar a melhor maneira de enfrentar e vencer um obstáculo (real e/ou fantasioso) que se interpôs no caminho de uma meta de vida.

E, seja qual for o enfoque teórico dado ao procedimento técnico, todos aqueles que trabalham em saúde mental e, notadamente, em psicoterapia breve têm clara a noção da necessidade de exercer esse trabalho de ajuda com a dedicação que a situação exige.

Para encerrar, incluo um quadro sinóptico derivado e ampliado das observações de Gilliéron sobre as modalidades de psicoterapia breve publicadas até então, ousando incluir, com indisfarçada falta de modéstia, as linhas gerais do meu trabalho.

QUADRO SINÓPTICO

Autor	F. Alexander Terapia psicanalítica	L. Bellac L. Small Psicoterapia de emergência e psicoterapia breve	P. Sifneos Psicoterapia em curto prazo provocadora de ansiedade	D. Mallan Psicoterapia focal	L. R. Wolberg Psicoterapia focal Psicodinâmica eclética	E. Gilliéron Psicoterapia breve de inspiração psicanalítica	H. J. Fiorini Psicoterapia dinâmica breve
Setting Espaço	divã ou face a face	face a face	face a face	face a face	face a face	face a face	face a face, divã e até recursos dramáticos
Tempo	não definido	6 sessões	limitado, não definido	definido	limitado, não definido (2 a 20 sessões)	estritamente limitado	limitado com flexibilidade
Frequência	variável	variável	regular (1)	regular (1-2)	regular	regular (1-2)	variável
Técnica Atitude	"flexível"	apoio eclético	"pedagógica"	neutralidade	pedagógico, sugestivo, eclético	neutralidade	"princípio da flexibilidade"
Atividade/ passividade	ativo	ativo	muito ativo	ativo	ativo	"passivo"	essencialmente ativo
Abordagem	variável	foco edipiano	foco edipiano	foco: hipótese psicodinâmica (edipiana e pré-edipiana)	foco: hipóteses psicodinâmicas amplas	todas as associações	orientação constante para a realidade presente em sua estrutura dinâmica
Critérios de indicação	flexíveis	flexíveis	muito estritos	um pouco menos estritos do que o de Sifneos	flexíveis	flexíveis	flexíveis, incluindo quadros neuróticos e psicossomáticos de origem recente

»CONTINUAÇÃO

Autor	A. Moffat Terapia temporal de crise	M. Knobel Psicoterapia breve de base psicanalítica	V. Lemgruber Terapia focal com características próprias de especificidade e originalidade	E. Ferreira-Santos Psicoterapia breve com enfoque dinâmico psicodramático	A. Beck Terapia cognitivo-comportamental	Francine Shapiro EMDR
Setting **Espaço**	intervenções livres, incluindo o próprio ambiente do paciente	face a face	frente a frente	face a face, dramatização	face a face diversas modalidades de apoio	face a face estimulação ocular, auditiva e tátil bilateral
Tempo	limitado, não definido	limitado, definido no contrato	flexível, com planejamento no decorrer da terapia	determinado (10 a 12 semanas)	10 a 20 sessões	10 a 20 sessões
Frequência	"aberta"	regular (1-2) com tempo variável de cada sessão	flexível, ajustada no planejamento	regular (1-2)	1 a 2 sessões/semana	1 a 2 sessões/semana
Técnica **Atitude**	papel do treinador	Interpretações, assinalamentos, explicações	atividade, planejamento e focalização única	"empatia"	socrática (questionamentos) e exercícios comportamentais	estimulação bilateral para recuperação de memórias traumáticas
Atividade/ **passividade**	absolutamente ativo	ativo, com ênfase no afeto	ativo, diretivo	muito ativo	eclético	neutro
Abordagem	teoria temporal que atravessa o presente a partir do passado, em direção ao futuro	diagnóstico holístico com procedimento terapêutico a-transferencial	ênfase na experiência emocional corretiva	foco: hipótese psicodinâmica relacional	foco nas "disfunções cognitivas" e reformulação do "esquema psíquico"	estímulo a memórias por meio da associação de imagens mentais
Critérios de **indicação**	bastante flexíveis, exigindo apenas que o paciente queira ser tratado	flexíveis, com restrições	restritos, com ênfase nas situações de crise	restrito a situações de crise em sua modalidade resolutiva	crises, depressão, ansiedade	TEPT

(Modificado e adaptado de Gilliéron, E. 1986)

Referências bibliográficas

ABDO, C. H. N. "Psicoterapia breve: relato acerca de seis anos de experiências com alunos da Universidade de São Paulo (USP)", *Revista de Psiquiatria Clínica*, São Paulo, v. 14, n. 12, 1987, p. 32, 35.

AMADO, R.; MOURA, A. "Desenvolvimento do papel de psicodramatista", *Revista da Febrap*, São Paulo, ano 7, n. 3, 1987.

ANZIEU, D. *Psicodrama analítico.* Rio de Janeiro: Campus, 1981.

APA – American Psychiatric Association. *Manual diagnóstico e estatístico de transtornos mentais (DSM-IV).* Porto Alegre: Artmed, 2000.

ARAÚJO, C. A.; LACERDA, A. L. T.; BRESSAN, R. A. "Achados de neuroimagem no TEPT". In: MELLO, M. F. *et al. Transtorno de estresse pós--traumático (TEPT): diagnóstico e tratamento.* Barueri: Manole, 2005.

AZNAR, G.; ELEK, E. *Reconstruindo uma vida.* São Paulo: Ágora, 1995.

BALINT, M. *O médico, seu paciente e a doença.* São Paulo: Atheneu, 1975.

BALLONE, G. J. *Transtorno de estressse pós-traumático,* 2002. Disponível em: <http://www.psiqweb.med.br>. Acesso em: fev. 2013.

BALLY, G. *El juego como expresión de liberdad.* (Adaptação para o português por Reginaldo Oliveira). São Paulo: ABPS, 1945.

BARTOLD, M. C. A. "Uma contribuição psicodramática às vivências psicossomáticas", *Revista da Febrap*, São Paulo, ano 6, n. 2, 1984.

BATESON, G.; JACKSON, D. D.; HALEY, J.; WEAKLAND, J. H. "Hacia una teoría de la esquizofrenia". In: *Interacción familiar.* 2. ed. Buenos Aires: Tiempo, 1974.

BELLAK, L.; SMALL, L. *Psicoterapia de emergência e psicoterapia breve.* Porto Alegre: Artes Médicas, 1980.

BERGER, W. *et al.* "Equivalência semântica da versão em português da Posttraumatic stress disorder checklist: civilian version (PCLC) para rastreamento do transtorno de estresse pós-traumático", *Revista de Psiquiatria do Rio Grande do Sul,* v. 2, n. 26, 2004, p. 167-75.

BERNIK, V. "Stress: the silente killer". *Cérebro e Mente – Revista Eletrônica de Divulgação Científica em Neurociência.* Campinas, set./nov, 1977, n. 3.

Disponível em: <www.cerebromente.org.br/n03/doencas/stress.htm>. Acesso em: fev. 2013.

BOAL, A. *100 exercícios e jogos para o ator e o não ator com vontade de dizer algo através do teatro.* Rio de Janeiro: Civilização Brasileira, 1977.

BONEY-MCCOY, S.; FINKELHOR, D. "Is youth vitimization related to trauma symptoms and depression after controlling for prior symptoms and family relationships? A longitudinal prospective study". *Journal of Consulting and Clinical Psychology*, v. 64, n. 6, 1996, p. 1406-16.

BOWLBY, I. *Formação e rompimento dos laços afetivos.* São Paulo: Martins Fontes, 1982.

BRENNER, C. *Noções básicas de psicanálise.* Rio de Janeiro: Imago, 1975.

BREUER, J.; FREUD, S. "Estudos sobre a histeria". In: *Edição Standard Brasileira das Obras psicológicas completas de Sigmund Freud.* Rio de Janeiro: Imago, 1974. v. II.

BUCHER, R. *Depressão e melancolia.* Rio de Janeiro: Zahar, 1979.

BUSTOS, D. M. *Psicoterapia psicodramática.* São Paulo: Brasiliense, 1979.

CALHOUN, K. S.; RESICK, P. A. "Transtorno do estresse pós-traumático". In: BARLOW, D. H. (Org.). *Manual clínico dos transtornos psicológicos.* 2. ed. Porto Alegre: ArtMed, 1999.

CARACUSHANSKY, S. R. *A terapia mais breve possível: avanços em práticas psicanalíticas.* São Paulo: Summus, 1990.

CLARE, A. W. "Brief psychoterapy: new approaches". *Psychiatric Clinics of North America*, abr. 1979, v. II, n. 1.

COSTA, J. F. *Violência e psicanálise.* Rio de Janeiro: Graal, 2003.

CROMPTON, S. "Traumatic Life Events". Canadian Social Trends – Statistics Canada – CATALOGUE, n. 11-008, 2003. Disponível em: <www.statcan. ca/english/studies/11- 008/feature/star2003068000s1a01.pdf>.

CUNHA, S. A. *Vítimas de sequestro: consequências psicológicas e o trata- mento em terapia cognitiva-comportamental.* 2004. Monografia (Pós- -graduação *lato sensu* em Terapia Cognitivo–Comportamental.) – Faculdade de Psicologia da Universidade de São Paulo, 2004.

CUSCHNIR, L. *Os bastidores do amor.* Rio de Janeiro: Elsevier, 2004.

D'ABREU, A. A. "O trauma no cotidiano". Trabalho apresentado no 44.º Congresso Internacional de Psicanálise, Rio de Janeiro, jul. 2005. Disponível em: <www.abp.org.br/aloysio_ipa.ppt>.

DATTILIO, F. M. *et al. Estratégias cognitivo-comportamentais de intervenção em situações de crise.* Porto Alegre: ArtMed, 2004.

DAVANLOO, H. "Techniques of short-term dynamic psychotherapy". In: *The psychiatric clinics of North America*, abr. 1979.

DELGADO, H. *Curso de psiquiatria.* Barcelona: Científico-Médica, 1969.

PSICOTERAPIA BREVE

EIZIRICK, C. L. "Da psicoterapia breve à intervenção psiquiátrica breve". Relatório apresentado durante a mesa-redonda sobre "Psicoterapia e atuação em psiquiatria breve", no VIII Congresso Brasileiro de Psiquiatria. Recife, 1984.

ERICHSEN, F. E. *On railway and other injuries of nervous system*. Londres: Walton & Moberly, 1866.

FAGAN, J. *Gestalt-terapia*. Rio de Janeiro: Zahar, 1987.

FAVARO, A. *et al.* "The effects of trauma among kidnap victims in Sardinia, Italy", *Psychological Medicine*, v. 30, n. 4, 2000, p. 975-80.

FERENCZI, S. "A psicanálise dos distúrbios mentais da paralisia geral". In: *Obras completas*, v. 4. São Paulo: Martins Fontes, 1993.

FERREIRA-SANTOS, E. "Psicoterapia breve: o psicodrama utilizado na psicoterapia de crise". Trabalho apresentado no VI Congresso Brasileiro de Psicodrama. Águas de Lindoia, SP, 1984a.

_____. "Psicoterapia breve en un enfoque psicodramático". Trabalho apresentado no V Congresso Latino-americano de Psicodrama. Buenos Aires, 1984b.

_____. "Psicoterapia breve em um enfoque psicodramático". 1989. Dissertação (Mestrado em Psicologia) – Faculdade de Psicologia da Pontifícia Universidade Católica de São Paulo, São Paulo.

_____. Avaliação da magnitude do transtorno de estresse em vítimas de sequestro. 2006. Tese (Doutorado em Ciências Médicas) – Faculdade de Medicina da Universidade de São Paulo, São Paulo.

_____. *Transtorno de estresse pós-traumático em vítimas de sequestro*. São Paulo: Summus, 2007.

FERREIRA-SANTOS, E.; EBAID, C. "A questão da postura psicoterapêutica". Trabalho apresentado no I Encontro Sul-Sudeste de Psicodrama, realizado em Curitiba, em 1988 (inédito).

_____. "Abordagem psicodramática com pacientes cardíacos em situações potencialmente críticas". Trabalho apresentado à Sociedade Paulistana de Psicodrama para obtenção de título de psicodramatista, 1991 (não publicado).

FERREIRA-SANTOS, E.; FORTES, M. *De vítima a sobrevivente: um guia para identificar e enfrentar o Transtorno do estresse pós-traumático*. São Paulo: Casa do Psicólogo, 2011.

FERREIRA-SANTOS, E.; KAUFMAN, A. "A influência da comunicação patológica na fase de reconhecimento do Eu e do Tu da matriz de identidade", *Revista da Febrap*, São Paulo, ano 5, n. 1, 1982.

FERREIRA-SANTOS, E.; WAJNSZTEJN, N. B. "Estudo sobre a indicação de terapia breve em um grupo de vestibulandos", *Revista da Febrap*, São Paulo, ano 3, n. 1, 1980.

FIORINI, H. J. *Teoria e técnicas de psicoterapias*. 2. ed. São Paulo: Francisco Alves, 1978.

_____. *Estruturas e abordagens em psicoterapias*. Rio de Janeiro: Francisco Alves, 1986.

FIORINI, H. J.; PEYRÚ, G. M. *Desenvolvimentos em psicoterapias*. Rio de Janeiro: Francisco Alves, 1978.

FIRST, M. B. *et al.* *Entrevista clínica estruturada para o DSM-IV: transtornos do eixo I (SCID – Structured Clinical Interview for DSM-IV)*. Washington: American Psychiatric Press, 1997, p. 84.

FONSECA FILHO, J. S. *Psicodrama da loucura*. São Paulo: Ágora, 1980.

_____. "Tendências da psicoterapia para o terceiro milênio". *Paper* apresentado no I Simpósio de Psiquiatria Psicodinâmica. São Paulo, 1986 (inédito).

_____. "El enfermo, la enfermedad y el cuerpo, una visión a través del sicodrama interno". Trabalho apresentando no 22.º Congresso Internacional sobre o corpo, Rio de Janeiro, 1987, e no "Congresso Aniversário 25 anos del sicodrama em Argentina", Buenos Aires, 1988a.

_____. "Psicodrama interno". Trabalho apresentado no III Encontro Internacional de Psicodrama. Barcelona, 1988b (inédito).

_____. *Psicoterapia da relação: elementos do psicodrama contemporâneo*. São Paulo: Ágora, 2010.

FONSECA FILHO, J. S.; SILVA DIAS, V. R. C. "Psicodrama interno". Trabalho apresentado no III Congresso Brasileiro de Psicodrama. Canela, RS, 1980 (inédito).

FOX, J. (Org.). *The essential Moreno*. Nova York: Springer Publishing Company, 1987.

FREEMAN, A.; DATTILIO, F. (Orgs.). *Compreendendo a terapia cognitiva*. Campinas: Psy, 1998.

FREGNI, F.; FERREIRA-SANTOS, E.; BOGGIO, P. S.; ROCHA, M. *et. al.* "Noninvasive brain stimulation with high-frequency and slow intensity repetitive transcranial magnetic stimulation treatment for postraumatic stress disorder", *J. Clin. Psychiatry*, v. 71, n. 8, 2010, p. 992-9.

FREIRE, J. "Psicoterapia breve, uma abordagem psicanalítica". In: FIGUEIRA, S. (Coord.). *Sociedade e doença mental*. Rio de Janeiro: Campus, 1978.

FREUD, A. "Comentários sobre o trauma". In: FURST, S. S. *et al. El trauma psíquico*. Buenos Aires: Troquel, 1971.

FREUD, S. "Novas recomendações sobre a técnica da psicanálise". In: *Edição Standard Brasileira de Obras psicológicas completas de Sigmund Freud*. Rio de Janeiro: Imago, 1974a.

_____. "Introdução à psicanálise e as neuroses de guerra". In: *Edição Standard Brasileira de Obras psicológicas completas de Sigmund Freud*. Rio de Janeiro: Imago, 1974b. v. 17.

FRIDMAN, S. *et al.* "Neuropsicologia e psicometria: vicissitudes clínicas e forenses". In: MORAES, T. (Org.). *Ética e psiquiatria forense*. Rio de Janeiro: Ipub - Cuca, 2001.

GARCIA-PABLOS DE MOLINA, A.; GOMES, L. F. *Criminologia*. São Paulo: Revista dos Tribunais, 2002.

GARRIDO MARTIN, E. J. L. *Moreno: psicologia do encontro*. São Paulo: Duas Cidades, 1984. (Ágora, 1996.)

GILBERTSON, M. W. *et al.* "Smaller hippocampal volume predicts pathologic vulnerability to psychological trauma", *Nature Neuroscience*, 2002, n. 5, p. 1247-7.

GILLIÉRON, E. *As psicoterapias breves*. Rio de Janeiro: Zahar, 1986.

GONÇALVES, C. S.; WOLF, J. R.; ALMEIDA, W. C. *Lições de psicodrama*. São Paulo: Ágora, 1988.

GRASSI-OLIVEIRA, R.; PERGHER, G. K.; STEIN, L. M. "Cicatrizes neurobiológicas do TEPT". In: CARMINHA, R. M. (Org.). *Transtornos do estresse pós-traumático (TEPT): da neurobiologia à terapia cognitiva*. São Paulo: Casa do Psicólogo, 2005.

GREENBERG, I. A. *Moreno y el psicodrama (Biografía e Historia)*. Buenos Aires: Hormé, 1977.

GREENSON, R. R. *Investigações em psicanálise*. Rio de Janeiro: Imago, 1982,.

HERMAN, J. *Trauma and recovery*. Nova York: Basic Books, 1992.

HOLMES, T. H.; RAHE, R. H. "The social readjustment rating scale", *Journal of Psychosomatic Research*, v. 11, n. 2, 1967, p. 213-8.

HYCNER, R. *De pessoa a pessoa: psicoterapia dialógica*. São Paulo: Summus, 1995.

JACOBSON, G. F. "Crisis-oriented therapy", *The Psychiatric Clinics of North America*, v. II, n. 1, abr. 1979.

JASPERS, K. *Psicopatología general*. Buenos Aires: Beta, 1977.

KALINA, E.; RASKOVSKI, A. "Indicaciones y normas para las psicoterapias grupales de tempo limitado en adolescentes", *Cuadernos de Sappia*. Buenos Aires: Kargieman, 1971, n. 2.

KALINOWSKY, L. B.; HIPPIUS, H.; KLEIN, H. E. *Biological treatments in psychiatry*. Nova York: Grune & Stratton, 1982, p. 147-52.

KAPCZINSKI, F.; MARGIS, R. "Transtorno de estresse pós-traumático: criterios diagnósticos", *Revista Brasileira de Psiquiatria*, Porto Alegre, n. 25, supl. 1, 2003, p. 3-7.

KAPLAN, S. J. *Posttraumatic stress disorder in children and adolescent: a clinical overview.* Jacksonville: Medicine to Mental Health, 2002.

KAPLAN, H. J.; SADDOCK, B. J.; GREEB, J. A. *Compêndio de psiquiatria: ciência do comportamento e psiquiatria clínica.* 7. ed. Porto Alegre: Artmed, 1997.

KASHNER, T. M. *et al.* "Melhorando a saúde de pacientes com transtorno de somatização", *Psychosomatics,* 1995, n. 36, p. 468-70.

KAUFMAN, A. "O jogo em psicoterapia individual", *Revista da Febrap,* São Paulo, ano 1, n. 2, p. 1-8.

KELLERMANN, P. F. *Focus on psychodrama.* Londres: Jessica Kingsley Publishers, 1992.

KESSELMAN, H. *Psicoterapia breve.* Buenos Aires: Kargieman, 1971.

KESTEMBERG, E.; JEAMMET, P. *O psicodrama psicanalítico.* Campinas: Papirus, 1989.

KILPATRICK, D. G. *et al.* "Criminal victimization: lifetime prevalence reporting to police and psychological impact", *Crime and Delinquency,* n. 33, 1987, p. 479-89.

KNAP, P.; CAMINHA, R. M. "Terapia cognitiva do transtorno do estresse pós--traumático", *Revista Brasileira de Psiquiatria,* Porto Alegre, 2003, n. 25, supl. 1, p. 31-6.

KNOBEL, M. "Psicoterapia breve en la infancia", *Cuadernos de Sappia.* Buenos Aires: Kargieman, 1971. n. 2.

_____. *Psicoterapia breve.* São Paulo: EPU, 1986.

KOROL, M.; GREEN, B. L.; GLESER, G. C. "Children's responses to a nuclear waste disaster: PTSD symptoms and outcome prediction", *Journal of the American Academy of Child and Adolescent Psychiatry,* v. 38, n. 4, 1999, p. 368-75.

KRAMER, P. D. *Ouvindo o Prozac.* Rio de Janeiro: Record, 1994.

KUSNETZOFF, J. C. *Psicoanalisis y psicoterapia breve en la adolescencia.* Buenos Aires: Kargieman, 1975.

LAING, R. D. *O eu e os outros.* 4. ed. Petrópolis: Vozes, 1978.

LAMPRECHT, F.; SACK, M. "Posttraumatic stress disorder revisited", *Psychosomatic Medicine,* 2002, n. 64, p. 222-37.

LEITE NETTO, O. F. "Um psicanalista na instituição psiquiátrica", *Boletim do Instituto de Psiquiatria do HC-FMUSP,* fev. 1997, n. 11.

LEMGRUBER, V. *Psicoterapia breve: a técnica focal.* Porto Alegre: Artes Médicas, 1984.

_____. "Terapêutica integrada", *Notícias Psiquiátricas,* Rio de Janeiro, 1994, ano 5, n. 2/3. Rio de Janeiro, 1994.

LINDEMANN, E. "Symptomatology and management of acute grief", *The American Journal of Psychiatry,* n. 101, 1994, p.1 41-8.

López-Ibor, J. J. *Neurosis de guerra (psicología de guerra)*. Barcelona: Científico Médica, 1942.

Lunde, D. T. "Teoria eclética e integrada". In: Burton, A. *Teorias operacionais da personalidade*. Rio de Janeiro: Imago, 1978.

Macedo, R. M. *As fronteiras da psicoterapia breve*. Porto Alegre: Artes Médicas, 1981.

Macedo, R. M. (Org.). *Psicologia e instituição*. São Paulo: Cortez, 1984.

Malan, D. H. *La psicoterapia breve*. Buenos Aires: Centro Editor de America Latina, 1974.

March, J. S. *et al*. "Post-traumatic symptomatology in children and adolescents after an industrial fire in Hamlet, North Carolina", *Journal of the American Academy of Child and Adolescent Psychiatry*, n. 36, 1997, p. 1080-8.

Marmor, J. "Historical aspects of short-term dinamic psychotherapy", *The Psychiatric Clinics of North America*, v. II, n. 1, abr. 1979.

Massaro, G. "Técnicas psicodramáticas e temporalidade". Trabalho apresentado no IV Congresso Brasileiro de Psicodrama. Águas de Lindoia, SP, 1984.

McCloskey, L. A. "Posttraumatic stress disorder common in children abused by family members", *Journal of the Academy of Child and Adolescent Psychiatry*, n. 12, p. 13, 1999.

McEwen, S. B. "Mood disorder and allostatic load", *Biological Psychiatry*, v. 30, n. 3, 2003, p. 200-7.

McLeer, S. V. *et al*. "Psychiatric disorders in sexually abused children", *Journal of the American Academy of Child and Adolescent Psychiatry*, n. 31, 1994, p. 875-9.

Meleiro, A. M. A. S.; Santos, M. C. E. A. "Simulação: um desafio diagnóstico". In: Rigonatti, S. P. (Org.). *Temas em psiquiatria forense e psicologia jurídica I*. São Paulo: Vetor, 2003, p. 211-26.

Meshulam-Werebe, D.; Andrade, M. G. O.; Delouya, D. "Transtorno de estresse pós-traumático: o enfoque psicanalítico", *Revista Brasileira de Psiquiatria*, n. 25, supl. 1, 2003, p. 37-40.

Miranda, C. F.; Miranda, M. L. *Construindo a relação de ajuda*. Belo Horizonte: Crescer, 1983.

Moffatt, A. *Terapia de crise*. São Paulo: Cortez, 1982.

Molnos, A. "Selling dynamic brief psychotherapy and teaching the patient: reflexions on a symposium", *The British Journal of Psychotherapy*, v. 2, n. 3, 1986, p. 201-7.

Monteiro, R. F. *Jogos dramáticos*. São Paulo: Ágora, 1994.

Moreno, J. L. *Las bases de la psicoterapia*. Buenos Aires: Hormé, 1967.

_____. *Fundamentos de la sociometría.* Buenos Aires: Paidós, 1972.

_____. *Psicoterapia de grupo e psicodrama.* São Paulo: Mestre Jou, 1974.

_____. *Psicodrama.* 2. ed. São Paulo: Cultrix, 1978.

_____. *O teatro da espontaneidade.* São Paulo: Summus, 1984.

MORTON, L. T. *A medical bibliography (Garrison and Morton).* Londres: Grower, 1983.

MUNCK, A.; GUYRE, P. M.; HOLBROOK, N. J. "Psychological functions of glucocorticoids in stress and their relation to pharmacological actions", *Endocrinological Review*, 1984, n. 93, p. 9779-83.

NAGERA, H. *Metapsicologia: conflitos, ansiedades e outros temas.* São Paulo: Cultrix, 1981.

NAJARIAN, L. M. *et al.* "Relocation after a disaster: posttraumatic stress disorder in Armenia after the earthquake", *Journal of the American Academy of Child and Adolescent Psychiatry*, v. 35, n. 3, 1996, p. 374-83.

NAVARRO, M. P. *et ali.* "Mecanismos de ação do psicodrama" (mesa--redonda, I Congresso Brasileiro de Psicodrama), *Revista da Febrap*, São Paulo, ano I, v. 2, n. 2, 1978.

NEDER, M. *Comunicação pessoal,* realizada durante os seminários da disciplina de Psicoterapia Breve do Curso de Pós-Graduação em Psicologia Clínica da PUC-SP, 1984.

O'CONNELL, V. F. "Psicoterapia de crise: pessoa, diálogo e o evento organísmico". In: FAGAN, J.; SHEPHERD, I. L. *Gestalt-terapia: teoria, técnicas e aplicações.* 3. ed. Rio de Janeiro: Zahar, 1977.

OLIVEIRA NETO, A. "A psicoterapia psicodramática breve". Trabalho apresentado no IV Congresso Brasileiro de Psicodrama. Águas de Lindoia, SP, 1984.

OTHMER, E.; OTHMER, S. C. *A entrevista clínica usando o DSM-III-R.* São Paulo: Manole, 1992.

PAIVA, L. A. "O psicodrama utilizado como técnica em psicoterapia breve", *Revista da Febrap*, São Paulo, ano 3, n. 21, 1980a.

_____. "Transferência, tele e empatia", *Revista da Febrap*, São Paulo, ano 3, v. 2, n. 1, 1980b.

PEREIRA, M. G.; MONTEIRO-FERREIRA, J. *Stress traumático: aspectos teóricos e intervenção.* Lisboa: Climepsi Editores, 2003.

PERES, V. L. A. "Formas desejáveis de psicoterapia nas universidades". Trabalho apresentado no Simpósio de Psicoterapia do XIII Congresso Brasileiro de Psiquiatria. Rio Quente, GO, 1994.

PEREZ SANCHEZ, A.; ANABITARTE, M. M. "Psicoterapia breve psicoanalítica Focalización", *Informaciones Psiquiátricas*, Barcelona, v. 2, n. 108, 1987.

PEREZ SANCHEZ, A.; BERMEJO, J.; CANALS, M. "Psicoterapia breve psicoanalítica: concerto de indicaciones", *Informaciones Psiquiátricas*, Barcelona, v. 2, n. 108, 1987.

PEREZ-SANCHEZ, A.; CAMON, R. "Psicoterapia breve psicoanalítica – Tiempo y terminación", *Informaciones Psiquiátricas*, Barcelo, v. 2, n. 108, 1987.

PINKERTON, R. "Very brief psychological interventions with university students", *Journal of American College Health*, v. 42, 1994.

PINTO, P. A. *Dicionário de termos médicos*. Rio de Janeiro: Científica, 1962.

PITMAN, R. K. "Posttraumatic stress disorder, hormones and memory", *Biological Psychiatry*, n. 26, 1989, p. 645-52.

PYNOOS, R. S.; NADER, K. "Psychological first aid and treatment approach to children exposed to community violence: research implications", *Journal of Traumatic Stress*, n. 1, 1988, p. 445-73.

RAMOS, R. T. "As bases biológicas do transtorno do estresse pós-traumático". In: VIEIRA NETO, O.; VIEIRA, C. M. S. (Orgs.). *Transtorno do estresse pós-traumático*. São Paulo: Vetor, 2005.

RANGÉ, B. *et al. Psicoterapias cognitivo-comportamentais*. Porto Alegre: Artmed, 2001.

REINHERZ, H. Z. *et al.* "Traumas and PTSD in a community population of older adolescents", *Journal of the American Academy of Child and Adolescent Psychiatry*, 1995, n. 34, p. 1369-80.

REIS, I. C. S. *Sequestro & stress*. São Paulo: Eduna, 1997.

RESNICK, H. *et al.* "Prevalence of civilian trauma and posttraumatic stress disorder in a representative national sample of women", *Journal of Consulting and Clinical Psychology*, n. 61, 1993, p. 984-91.

ROJAS-BERMÚDEZ, J. G. *Introdução ao psicodrama*. São Paulo: Mestre Jou, 1977.

————. *Núcleo do eu*. São Paulo: Natura, 1978.

————. *Introdução ao psicodrama*. São Paulo: Mestre Jou, 1980, p. 48.

ROSO, M. C. "Escalas de avaliação de transtorno do estresse pós-traumático", *Revista de Psiquiatria Clínica*, v. 25, n. 6, Edição Especial, 1998, p. 320-5.

ROTHBAUM, B. O. *et al.* "A prospective examination of post-traumatic stress disorder in rape victims", *Journal of Traumatic Stress*, n. 5, 1992, p. 455-76.

SACK, W. H.; CLARKE, G. N.; SEELEY, J. "Post-traumatic stress disorder across two generation of Cambodian refugees", *Journal of the American Academy of Child and Adolescent Psychiatry*, n. 34, 1995, p. 1160-6.

SANDOR, P. *Técnicas de relaxamento*. São Paulo: Vetor, 1974.

SAVIN, D.; SHALOM, R. "Holocaust survivors and survivors of the Cambodian tragedy: similarities and differences". *Echos of the Holocaust*, n. 5, jul.

1997. Disponível em: <http://www.holocaustechoes.com/>. Acesso em: mar. 2013.

SAVOIA, M. G. "Escalas de eventos vitais e de estratégias de enfrentamento (Coping)", *Revista de Psiquiatria Clínica*, v. 26, n. 2, Edição Especial, 1999.

SCHESTATSKY, S. *et al*. "A evolução histórica do conceito de estresse pós--traumático", *Revista Brasileira de Psiquiatria*, n. 25, supl. 1, 2003, p. 8-11.

SCHIRALDI, G. R. *The post-traumatic stress disorder: sourcebook.* Los Angeles: Lowell House, 1999.

SCHOTT, H. *Crónica de la medicina.* Barcelona: Plaza & Janés, 1993.

SEGRE, C. D. (Org.). *Psicoterapia breve.* São Paulo: Lemos, 1997.

SELYE, H. *The stress of life.* Nova York: McGraw-Hill, 1976.

SHAPIRO, F. *EMDR (Dessensibilização e reprocessamento por movimentos oculares).* Rio de Janeiro: Nova Temática, 2001.

SHAW, J. A.; APPLEGATE, B.; TANNER, S. "Psychological effects of Hurricane Andrew on anelementary school population", *Journal of the American Academy of Child and Adolescent Psychiatry*, n. 34, 1995, p. 1185-92.

SHEEHY, G. *Passagens: crises previsíveis da vida adulta.* 5. ed. Rio de Janeiro: Francisco Alves, 1980.

SHEPHARD, B. *A war of nerves: soldiers and psychiatrists in the twentieth century.* Cambridge: Harvard University Press, 2001

SIFNEOS, P. *Psicoterapia dinâmica breve: avaliação e técnica.* Porto Alegre: Artes Médicas, 1989.

SILVA DIAS, V. R. C. "Processamento de uma sessão de psicodrama". Aula ministrada em curso promovido durante o III Congresso Brasileiro de Psicodrama. Caiobá, PR, 1982 (inédita).

_____. *Psicodrama – Teoria e prática.* São Paulo: Ágora, 1987.

SILVA FILHO, L. M. A.; HIRATA, E. S.; DAUD JÚNIOR, N.; SUZUKY, S. Y. "Proposta de psicoterapia de grupo com os temas previamente estabe-lecidos", *Revista Brasileira de Medicina (Psiquiatria)*, fev. 1984, n. 1.

SILVA FILHO, L. M. A.; LOTUFO, F.; ELOVITCH, M. "Uma experiência de atendimento em grupo no ambulatório da tarde do Instituto de Psiquiatria do Hospital das Clínicas da FMUSP". Trabalho apresentado no XV Congresso Brasileiro de Neurologia, Psiquiatria e Saúde Mental. Campinas, 1981.

SMALL, L. *Psicoterapias breves.* Buenos Aires: Granica, 1972.

SPEED, L. "Post-traumatic stress disorder". In: *Seminário de Psicologia de Emergência.* Bolzano, 1999.

TERR, L. "Psychic trauma in children: observations following the chowchil-la school-bus kidnapping", *American Journal of Psychiatry*, 1981, n. 138, p. 14-9.

_____. "Chowchilla revisited: the effects of psychic trauma four years after a school-bus kidnapping", *American Journal of Psychiatry*, n. 140, 1983, p. 1543-50.

STORR, S. "Freud abridged: an apreciation of the 1985. Symposium on intensive short-term psychotherapy", *British Journal of Psichotheraphy*, v. 2, n. C 4, 1985, p. 310-4.

VERNANT, J. P.; VIDAL-NAQUET, P. *Mito e tragédia na Grécia Antiga*. São Paulo: Duas Cidades, 1977.

VIEIRA NETO, O.; SODRÉ, C. M. V. *Transtorno de estresse pós-traumático: uma neurose de guerra em tempos de paz*. São Paulo: Vetor, 2005.

VIORST, J. *Perdas necessárias*. São Paulo: Melhoramentos, 1988.

WALLEN, R. "Gestalt-terapia e psicologia da Gestalt". In: FAGAN, J; SHEPHERD, I. L. (Coords.). *Gestalt-terapia – Técnicas e aplicações*. 3. ed. Rio de Janeiro: Zahar, 1977.

WATZLAWICK, P.; BEAVIN, J. H.; JACKSON, D. D. *Pragmática da comunicação humana*. São Paulo: Cultrix, 1973.

WEIME, S. M. *et al.* "PTSD symptoms in Bosnian refugees one year after resettlement in the United States", *American Journal of Psychiatric*, n. 155, 1988, p. 562-4.

WHITE, J. R.; FREEMAN, A. S. *Terapia cognitivo-comportamental em grupo para populações e problemas específicos*. São Paulo: Roca, 2003.

WOLBERG, L. R. *Psicoterapia breve*. São Paulo: Mestre Jou, 1979.

YEHUDA, R. "Biology of posttraumatic stress disorder", *American Journal of Psychology*, 2000, n. 44, suppl. 7, p. 14-21.

O autor

Eduardo Ferreira-Santos, nascido em São Paulo, em 1952, é médico formado pela Faculdade de Medicina da USP-SP. Psiquiatra pelo Departamento de Neuropsiquiatria da Faculdade de Medicina da USP e psicoterapeuta psicodramatista pelo Instituto Sedes Sapientiae de São Paulo, é mestre em Psicologia Clínica pela PUC-SP, doutor em Ciências Médicas pela Faculdade de Medicina da USP e médico supervisor aposentado do Instituto de Psiquiatria do Hospital das Clínicas da FMUSP.

Escreveu capítulos para oito livros (*Psicodrama nas instituições*, Ágora, 1989; *Guia do descasado*, Maltese, 1996; *Psicoterapia dinâmica breve*, Lemos, 1997; *Psicoterapia em instituições psiquiátricas*, Ágora, 1999; *Transtorno de estresse pós-traumático (TEPT)*, Manole, 2005; *Enfermagem psiquiátrica*, Manole, 2008; e *Sentimentos que causam stress*, Papirus, 2009). Tem ainda um capítulo escrito sobre "Mecanismo de defesa do ego", em livro editado pela Casa do Psicólogo sobre a relação médico-paciente.

É o criador e presidente da ONG Gorip (especializada no atendimento de pessoas com TEPT e reações de ajustamento), diretor da Associação Brasileira de Especialistas em Situações Traumáticas (Abrest), membro fundador da Associação Brasileira de Stress (ABS), membro da Associação Brasileira de Psiquiatria (ABP), da Associação Médica Brasileira (AMB), membro da Associação Paulista de Medicina (APM), membro e ex-conselheiro da Federação Brasileira de Psicodrama (Febrap), membro da International Association of EMDR (Eye Movement

Desensitization and Reprocessing) – EMDRIA e membro da Sociedad Argentina de Psicotrauma (SAPsi).

É autor dos livros *Ciúme – O medo da perda*, publicado pela Ática, em 1996, e, posteriormente, pela Claridade (na 8.ª edição); *Psicoterapia breve: abordagem sistematizada de situações de crise*, publicado pela Flúmen, em 1990, sendo a 2.ª edição revista e ampliada publicada pela Ágora, em 1997; *Espelho vivo*, Moderna, 1983, e JSN, 1998; *Ciúme, o lado amargo do amor*, Gente, 2000; e 2.ª edição revisada e publicada pela Ágora, em 2007; *Transtorno de estresse pós-traumático em vítimas de sequestro*, Summus, 2007; *Casamento: missão (quase) impossível*, Claridade, 2007, *De vítima à sobrevivente: um guia para identificar e enfrentar o transtorno de estresse pós-traumático*, Casa do Psicólogo, 2011; além de colaborar no livro de arte *Gigantes de alma*, de Cynthia Ebaid (Edição da Autora, 2000).

Em 2009, recebeu da Câmara Municipal de São Paulo, por iniciativa da vereadora Edir Sales, a Medalha Anchieta e o Diploma de Gratidão da Cidade de São Paulo pelo conjunto de seus 32 anos de trabalhos prestados à comunidade paulistana, principalmente no tratamento das vítimas da violência urbana.

E-mail: efsantos@msn.com ou efsantos@uol.com.br
Home Page: www.ferreira-santos.med.br

www.gruposummus.com.br